HEART
心視野

HEART

心視野

失婚婦女 Chill High High

美樂妮——著

目錄

第3章 有子並非萬事足

目錄

目錄

好評推薦

「結婚焦慮經常在女性三十大關襲來，雪片般的喜帖，如警鈴大響，暗示『末班車已到，不上車就沒機會了！』美樂妮的故事精采又慘痛，沒弄清彼此價值觀、家庭分工想像，你以為搭上了高鐵，結果卻是屍速列車，直達無間地獄。如何避免上錯車，建議與伴侶玩玩女人迷的關係下一步牌卡；如果想知道如何果敢下車，建議服用本書，讓你上車有底氣，下車有勇氣！」

——張婉昀，女人迷 Head of Content 總製作人

推薦序

活出精采，發現最美好的自己

——何妤玟／藝人

離婚其實是一個困難且痛苦的過程，也是不得已的選擇，但有時卻是必要的。在這個過程中，如果能和平分開是最理想的情況，但人生哪有永遠那麼順風順水，尤其牽扯到另一個人，甚至另一個家庭的時候。

我在離婚過程中，經歷了悲傷、痛苦、自卑、否定、憤怒、失控等種種情緒風暴，但最終，我選擇接受這一個既定事實：婚姻失敗了，無法再繼續下去。雖然前路困難艱辛，但是，接受現實是療癒和解的第一步。

離婚前後一年多的時間裡，我持續不斷地和心理諮商師面談，從一週三次進步到一週一次，最後拉長到一個月一次，我的生活終於得以走回常軌，心情也漸漸恢復了平靜。不過即使到了現在，我還是每年都會請她幫我整理自己在各方面的狀態，看看有什麼需要再調整與探討的。

大部分的人多少都有著有缺憾的童年，這些都在我們成年後影響了我們的人際和親密關係，需要花費時間與心力慢慢痊癒。無論關係是否出了狀況，都需要時時審視、療癒內在，才能活出不辜負自己的人生。

建立支持系統，勇敢走出陰霾

我跟美樂妮的相遇是在她的 Podcast 節目上，她非常爽朗大方，講話直率且充滿真誠，談到過往的婚姻時，比我更能顯露出正向積極的態度。每個人都是獨一無二的靈魂，我很開心在這條漫漫長路上，不時遇見可以並肩前行、給我支持力量的朋友。

如果你正在協商一段感情的結束，提醒你：建立一個支持系統非常重要，無論是你的家人、朋友、同事或是專業的心理諮商師都可以。選擇對的人陪你走過這條崎嶇難行的道路是你的責任，打開眼跟打開心，讓提供支持、建議和鼓勵的人出現，你將更容易走出陰霾，走進陽光。

不僅是人，一本好書也可以陪伴你度過低潮。美樂妮用她的真實與幽默轉換成溫暖的文字，閱讀完會讓你更相信自己是有價值的、相信自己是值得被愛的、相信自己可以做出更好的決定。

不要讓一段失敗的婚姻來定義你。我們每一個人都有權利獲得幸福，只要充分了解並善用所長，絕對能活出精采，發現最美好的自己。

推薦序

面對關係與婚姻，我們都有選擇

——雷皓明／喆律法律事務所主持律師

身為一個家事律師，柔性勸當事人勇敢面對婚姻困境，嘗試透過法律或其他程序解決問題是我們工作的一環，遇到當事人一哭二鬧三上吊則是我們的日常。所以聽到友人推薦我聽 Podcast 節目《失婚婦女 Chill High High》，光聽題目就讓我興致盎然，到底是嗑了多少，才能以如此開放的心態，面對這讓大部分人肝腸寸斷的傷心事？結果一集還沒聽完我就完全上癮，聽著美樂妮對婚姻裡那些狗屁倒灶的鳥事和妖魔鬼怪的姑嫂沒有尺度地狂譙，紓壓大笑之際，好像那些傷心欲絕也沒那麼傷心欲絕了。於是，固定收聽節目也成為了我的日常，甚至還大力推廣給當事人們聽，當成一種變相（變態？）的心理諮商。

後來受美樂妮邀請，有機會一起參與 Podcast 的錄製，我興高采烈地答應，一方面是粉絲心態，一方面也想一探這位超級 high 咖私底下的反差。然後結果大出意料，美樂妮 high 咖的個性是深植骨子裡的，什麼都沒嗑也 chill 到不行，和美樂妮聊天每次都能讓人不由自主就開心起來，然後莫名其妙地說一些也不知道該不該說、能不能聽的話題，錄 Podcast 也成為我生活中很期待的一段時光。

最近聽聞美樂妮要出書，我又充滿期待，甚至毛遂自薦想要擔任推薦人，目的就是想趕快再透過書本感受一下美樂妮那沒有尺度的「美」式幽默。出乎意料的，書本和本人大相逕庭，我好像必須用上誠懇、真摯，這些我原來壓根沒想到要用來形容美樂妮的詞彙來形容這本書。

勇敢給自己真正想要的第二人生

書裡的每個章節，都非常真實坦率地描述每個情境當下的心理，無論是戀愛時的粉紅泡泡、探索新生活的期待、面對毒姑的委屈，抑或是小朋友出生後滿滿的無助和一點點感動，美樂妮沒有因為婚姻告終，就抹滅當初的相識相遇到墜入情網的感受，也沒有為了獨立自主新女性形象掩飾婚姻中的擔心受怕、委曲求全。

跟著故事每一章節，我看到了和所有當事人一樣，因為親友觀感、社會壓力，很長一陣時間不斷妥協、失去自我，到決心面對困境，拿回生命主導權的心路歷程。對我來說，這故事最真珍貴的部分是，你不用是一個超級 high 咖，也不用嗑些什麼，更不用忘記所有好的、壞的過程，否定過往的自己，只要願意勇敢地想想自己想要的生活是什麼樣子，我們總是能有辦法給自己真正想要的第二人生。

其實無論 Podcast 節目、本書、美樂妮本人，或是以離婚訴訟為業的我，都不是想勸諭大家離婚，我們所想的，一直都只是在每一段婚姻關係裡，讓大家能勇敢地、不帶羞恥地思考存續、終止或其他所有可能的關係選項，也知道走在那條爹不願、娘不想選擇的路上，你其實並不孤單，有美樂妮「陪妮練肖話」、有律師協助你處理法律爭議，更有許許多多的人也和你一樣面對、甚至克服這些挑戰。

只有大家真的知道自己和對方都是有選擇時，我們才能更真心地思考，一段關係，一段婚姻的本質到底是什麼？自己和對方究竟想要什麼？適合彼此的關係到底是交配還是配偶？祝天下有情人終成眷屬，天下無情人一律建議分手，才能有更多有情人成為眷屬的可能。

前言
離婚不可恥，勇敢拿回人生主導權

很多人問我：「離婚以後妳有後悔過嗎？」

我說：「我只後悔沒有更早離婚。」

早知道離婚的日子是這樣如釋重負又輕鬆快活，我到底為何要忍耐又糾結那麼多年，還企圖用各種莫名的理由，或是聽信閒雜人等的說法，說服自己不能離婚？

明明在婚姻裡頭嘗盡苦頭的人是自己，快樂不起來的也是自己，但在我們的身邊、在這個社會上，就是有許多人覺得他們比你更懂得婚姻的道理，更有權力主宰你的人生。當你企圖要為自己爭取權益的時候，他們會拿出道德框架套在你身上，告訴你一旦結婚就要忠於婚姻，要把自己擺在最後，犧牲奉獻成全別人，讓另一半幸福、讓小孩快樂，你的快樂不能只是你的快樂。

我反骨，我想忠於自己的感受，所以當我發現這段婚姻再也走不下去的時候，我決定勇敢出走。

在二〇二〇年，我終於簽完離婚協議書，搬回台灣。離婚後的那幾個月，因為覺得當單身媽媽的新生活實在太爽，外加覺得離婚的過程實在太艱苦，如果當初能有人用力地鼓勵我，不知道能少走多少冤枉路。

於是，我製作了 Podcast 節目《失婚婦女 Chill High High》，節目開宗明義就是要鼓勵那些正陷在痛苦婚姻裡掙扎的人們，唯有離開痛苦的婚姻，才能有笑嗨嗨的日子可過。

超過一百多集的節目內容裡，我盡力分享自己的心路歷程，告訴大家：**當世界都不理解你的時候，都不贊同你的時候，這裡有人和你有相同的遭遇，這裡有人和你一樣都想為自己而活，這裡有人可以告訴你該怎麼踏出第一步。**

我想告訴他們：「我離婚了，我很開心，你同樣也可以。」

雖然自詡是喜劇分類節目，希望能帶給大家歡樂，內容也大多哈哈哈笑個不停，但許多聽眾都告訴我，他們一邊聽著節目，笑著笑著就流下了眼淚。唯有真正經歷過痛苦婚姻、真正卡住出不來、受到排山倒海反對聲浪的人，才會知道離不了的婚有多痛苦、多煎熬、多像人間地獄。

節目做了兩年多，收到很多不同年齡層聽眾的正面回應，本來以為這麼偏門的主題沒什麼人會想聽，殊不知不但受到太太們的喜愛，連未婚的弟弟妹妹們都聽得津津有味。追根究柢，在我們從小的教育環境裡，只著重五育並進，卻鮮少教我們要如何和伴侶相處，遇到問題該怎麼溝通解決，甚至也沒有告訴我們一段關係（包括婚姻）該如何經營。

慶幸的是，這個節目真的鼓勵了許多人，在聽了美樂妮好說歹說之後（嗯？）終於鼓起勇氣脫離腐爛已久的婚姻，成功展開快樂的第二人生。我也開始思考，還能夠用什麼不同的方式讓更多人接觸到這些觀念，一起跳脫框架、擺脫身上背負的束縛，因此產生了寫書的想法。

我希望能讓大家翻轉陳舊的傳統觀念，不要被童話故事及偶像劇裡的粉紅泡泡迷惑，讓過來人告訴你，婚姻的真面目到底長怎樣，才不會像美樂妮一樣傻傻地一頭栽進去，最終只會捶心肝後悔自己怎麼這麼傻。因此，我把自己的血淚史寫成一本書，除了貢獻這些恐怖故事，給在婚姻裡痛苦掙扎的人一些鼓勵，也是嚇阻那些因為催產素激增而想一頭栽進婚姻裡的人，不要只看到婚姻的美好。

這絕對不是一本鼓吹大家離婚的書（真的不是），而是一本告訴你可以勇敢做回自己的書。婚姻百百種，相處也有百百種，希望透過這本書，讓你更了解自己想要怎樣的伴侶、想要什麼樣的相處方式，也讓大家在這些故事裡，找到人生軌跡裡的一點共鳴及未來的方向。

離婚一點都不可恥，人生只有一次，錯了本來就要趕快後悔。要是婚姻很美滿，誰會想離呢？

第 1 章

結婚前，你該想清楚的事

童話故事的美麗假象

一九三七年，迪士尼發行了美國史上第一部彩色動畫長片《白雪公主》（*Snow White*），從此奠定了童話故事裡的愛情發展模式：很久很久以前，有一位長得美麗、天真無邪，又一定擁有一副好歌喉的公主，遇到壞皇后、吃到毒蘋果、碰到壞姊姊、被壞仙子詛咒，不管接下來的遭遇是昏倒、沉睡、當女傭被欺負，或是為了擁有人類的雙腿而失去聲音，故事的後半段都會出現一位英俊的王子，英勇地打敗所有壞人，解救公主脫離險境，兩人迅速地步入婚姻，過著幸福快樂的日子。

看著這些童話故事長大的女生彷彿被下了蠱，堅信即使現實世界再殘酷、家裡再窮、工作再辛苦、身邊的人再討厭，自己也一定能像童話故事裡的公主，被用情至深的白馬王子找到，解救自己於水火之中，過著同樣幸福快樂的婚後生活。

現實與童話故事情節產生錯亂，女生常常會產生不切實際的幻想，只要剛認識一個男生，就會開始懷疑這個人可能是她命中注定的王子，眼中的他四周不斷冒出粉紅泡泡，自己瞳孔放大、心跳加速、呼吸急促，無限腦補兩個人的未來，想像結婚那一天，穿著漂亮的白紗，爸爸在紅毯上把自己的手交給王子的動人場景。

我也曾和某個男人初次見面，就幻想和對方組成家庭的模樣：陽光灑進房間，他親吻著我的額頭，溫柔地喚我起床，我開心地泡咖啡準備早餐，他在旁邊把兒子舉高高，逗得孩子咯咯笑，多麼幸福的畫面。對對對，這就是我跟他未來的樣子，如此幸福美滿，雖然這是我們第一次見面，但說不定未來就是這樣。

哈囉，手都還沒牽，嘴都還沒親，貨都還沒驗，更不用說都還沒好好相處過，女生們憑什麼想像會和眼前這個人結婚，甚至婚後生活還很美好？妳怎麼確定這個王子是正牌貨而不是騙子？怎麼確定他會幫妳斬妖除魔，而不是把妖魔鬼怪帶進妳的生活？追根究柢，童話故事真是害人不淺！

童話故事裡常以「結婚」做為結尾，彷彿結婚就等於幸福快樂，這種誤導性的言論一而再、再而三出現在我們從小看到大的故事書和電視劇裡，灌輸女生錯誤的偏差想法，認為最完美的人生路徑就是求學、工作、談戀愛、結婚、生子，其他路線都有著缺憾。

社會認定「結婚」是女人活在世上最重要的里程碑之一，只要找到一個男人跟他結婚，我的家人會開心，朋友會羨慕，列祖列宗會以我為榮，人生好圓滿；但要是沒有結婚，不管在其他領域再怎麼有成就，我都是一個得不到幸福的女人，人生就像缺了一塊的拼圖，一輩子都無法完整。

結婚真的是幸福的起點嗎？

我們對「結婚」這件事情賦予了如此大的意義，大到足以評斷一個女人的成敗，但是，妳真的了解婚姻嗎？妳真的相信，結婚是幸福的起點，而不是終點嗎？

「妳以後想要做什麼？」

「我想做一個家庭主婦，每天在家做家事、煮飯、照顧好老公跟小孩，感覺就很幸福。」

這是二十歲的我曾經有過的夢想，就和很多公主卡通看太多的女生一樣，覺得結婚是我的人生目標，能成為一個家庭主婦，在家相夫教子，是身為一個女人最棒的工作。

十幾年後，三十三歲的我，還真的如兒時夢想那般，成為一個全職家庭主婦。每天早上起床準備全家的早餐，老公出門上班後，我在家整理家務、照顧小孩、買菜煮飯、整理花園，有時跟鳥兒說話順便唱唱歌，老公下班回家時奉上熱騰騰香噴噴的飯，日復一日。

你問我幸福嗎？我必須誠實地說，歷經將近七年這種日子，既不快樂，也不幸福。我看著曾經以為的王子，眼神只有空洞、內心只有空虛、腦袋裡想的是「什麼時候我才能逃離這個人，離開這段婚姻」。要是有時光機，我一定回去給當時亂許願的自己一個巴掌，用力搖醒眼神裡充滿粉紅泡泡的自己，在耳邊怒吼：「妳這個傻妹快醒醒！不要亂做夢了拜託！」

你問我怎麼了？發生了什麼事變成這樣？且聽我後面娓娓道來。充滿少女心、以為結婚是人生終點的我，真的太傻了。**千萬不要小看婚姻，婚姻不是幸福的起點，是把幸福快樂摧毀殆盡的起始點。**

年紀到了，只能選擇步入婚姻？

我們這一代四十幾歲的女性，很多人從小被灌輸的家庭觀念，就是女生只要乖乖的就好，會念書沒關係，但不要有太多自己的想法，長大找個好人家嫁了，替夫家生兒育女，好好伺候公婆，當個好太太、好媽媽、好媳婦，妳的人生就會幸福圓滿，如果老公還有點錢，是個醫生或律師就更好了，一輩子不愁吃不愁穿，快樂似神仙。

在這樣的觀念下，女生一旦到了適婚年齡，有男友的開始考慮結婚，交往久的開始籌劃婚禮，小孩七坐八爬九發牙，女人二八步禮堂，結婚這件事合理到像是生物演化一般的自然。

二〇〇九年，台灣有齣紅透半邊天的電視連續劇《敗犬女王》，這齣劇造成轟動的十年前，日本也製作過類似主題的日劇《三十拉警報》。這些劇要想探討的是傳統社會對於女性的期望是否合理，當時總認為女生一輩子最需要達到的成就，不是擁有一個高薪的工作或發展自己的事業，更不是培養足以養活自己的一技之長，而是有沒有結婚生子。而且這個成就在女生身上是有時限的，三十歲還沒結婚就要被冠上奇怪的稱號：敗犬、老處女、眼光太高、條件太挑。親戚朋友會蠢蠢欲動，積極介紹男朋友給妳，似乎沒結婚好像是犯了什麼錯，還是身體某個部位生長異常，總之一定是有什麼狀況，否則怎麼可能不結婚？

三十二歲的我，正好遇上了這種窘境。雖然從高中發育完全後就開始交男朋友，每隔幾年換一個，也算是有異性緣的女子，但好死不死，三十歲跟最後一任男友分手後，就一直空窗期，只有交配對象沒有交往對象。

回想起來，大約就是從三十歲這個時候開始，頻繁地收喜帖、吃喜餅、喝喜酒、抽捧花、送客大合照，幾乎成了週末最夯的活動。看著身邊的同事和友人輪番結婚，難免還是會有點小著急，想著大家都往人生的下個階段邁進了，不知道什麼時候輪到我？

參加朋友的婚禮還不算什麼，要是參加親戚小孩的婚禮，遇到叔伯阿姨就會開始被問東問西：「有沒有男友？什麼時候結婚？」身為晚輩，面對這些令人不耐的盤查也只能強顏歡笑，趕緊轉移話題提醒他們趕快打包，心中同時ＯＳ：我結不結婚到底關你們屁事？不過，隱藏在這句氣話背後的真實想法是：我也想結婚呀，但是沒有人選啊！

有天早晨，一個朋友突然傳來了訊息，說他想介紹一個男生給我，跟我同齡，人在美國的高科技公司上班，由於家人住在台灣，所以常回台探望家人，要不要認識一下？朋友接著說：「而且我覺得你們兩個人的個性很互補，一定很合。」收到訊息的我當下心想：天哪！怎麼會有這種好事，這個朋友上輩子一定欠我很多，這輩子要來報恩，竟然介紹一個條件這麼好的男生給我，會不會我的王子就要從天而降了？

經過朋友的穿針引線，我很快就跟對方搭上線。他不是一個喜歡打字傳訊息的人，喜歡直接打電話跟我聊天，一聊就是一小時起跳，從日常瑣事、求學趣聞、工作狀況，天南地北什麼話題都可以聊。因為時差的關係，他下班後打電話來的時間是台灣的上午，那時我剛離開前一份工作，正處於休息階段，多的是時間每天跟他慢慢聊，就這樣聊了一個月，有天他突然說：「下週我要回台灣，我們見個面吧！」

海底撈月，迅速閃婚

接下來的劇情，不用快轉也發展得很快，素未謀面、只有講過電話的網友終於見到面，頓時天雷勾動地火一發不可收拾，荷爾蒙大爆發，雙雙墜入情網，火速開始交往。

由於他只在台灣停留一週，剛交往的小情侶怎麼可能接受這種生離死別，於是當時身為時間富翁的我決定飛到美國，一方面是多爭取一點時間和男友相處，另一方面是懷抱著美夢，幻想如果我們結婚，這就是我以後要生活的地方，總是要先習慣一下。

就這樣一來一回的飛，遠距離讓這段戀情產生朦朧美，新鮮感放大了眼睛所見的小優點，於是就在談了短短六個月的戀愛後，我們決定結婚了！

會那麼迅速決定要結婚，除了台灣到美國這一萬兩千多公里的距離與十三小時的時差，讓熱戀期的我們每次相遇都難分難捨之外，簽證其實是一大主因。像我這種三十好幾又處於無業狀態的未婚女性，拿著觀光簽證頻繁進出美國國境，理所當然會被美國海關懷疑是來非法打工的外國人。於是乎，每次入境美國，總是會受到海關大人的仔細盤查，也隨時抱著要被縮短停留時間，甚至是比照偷渡客原機遣返的心理準備。如果不久的未來，我們有計畫要結婚，不如現在就先結，趕快著手申請需要耗費超過一年等待時間的居留證，這樣往後進出美國也更方便。兩個沉浸在戀愛中，根本不太認識對方是誰的小情侶，就這樣大膽做了決定。

我們大約是交往四個月的時候取得了結婚的共識，當時我把這個極其冒險的念頭告訴了家人，爸媽在驚訝之餘並沒有太大的反對，可能是看著女兒年紀也到了，趕快嫁出去也是好事一樁，也或許是知道我從小想做什麼就會一股腦地衝，他們攔也攔不住，確定對方五肢健全、工作穩定、看起來是個好人，好像也就可以了。

在美國公證結婚後，我一邊美國台灣兩邊飛，一邊等居留證下來，順便籌備半年之後要在台灣舉辦的婚禮。「我要結婚了！」我和親朋好友報告這個好消息，大家只覺得我真是運氣好的女人，竟然可以在三十多歲的時候嫁去美國，跟一個有車有房又在好公司上班的男人結婚，簡直是偶像劇才會出現的劇情。朋友還笑說，如果是在麻將桌上胡這把，就是人人稱羡的海底撈月。

關係健檢清單

收好妳的迷惘少女心，認清童話故事編織的美麗假象，請先檢查自己是否有以下盲點？這些都有可能是日後產生問題的導火線：

- □結婚就是幸福美滿的起點，日子只會愈過愈好。
- □結婚是女人重要的人生里程碑，不結婚感覺人生不完整。
- □突破三十大關，再等下去就結不了婚。
- □認識時間長短不是問題，有愛就可以度過一切難關。
- □有房有車有錢的高富帥，閃婚很合理。

第 2 章

婚姻的真面目

甜蜜的新婚蜜月期

和一個認識不到一年、交往只有半年的男人結婚，從此搬進他家，開始住在一起生活，這件事情為什麼當年雙方都不覺得危險，現在回想起來，我也是百思不得其解。

不過當時的心情是，即使對遠在台灣的家人朋友和原本的生活有再多不捨，只要想到自己結婚了就覺得心裡既踏實又喜悅，我終於成為人生勝利組，我的人生就要添上新的色彩。

怎麼樣，那些愛逼問的親戚們，老娘不是結不了婚，不是沒人要的女人，我只是晚了那麼一點點結而已。而且明明結婚就沒什麼大不了，搬到美國住也沒什麼大不了，但心裡還是默默出現一絲優越感，覺得我的父母應該會因為有個「嫁到美國的女兒」而覺得驕傲，身邊那些還沒結婚的朋友也會因此而心生羨慕吧？懷著這些心情，以及自以為能克服一切困難的愛，我抱著忐忑又期待的心，扛著兩個行李搬到美國，從此成為新住民。

結婚後的新婚生活，一開始和期待中的沒什麼差別，既新奇又甜蜜。每天一大清早起床做早餐給老公吃，吃完後來個 kiss bye 送老公出門上班，獨自留在家中的我自然地開啟家庭主婦模式：打掃家裡、洗衣服、整理我住進來前就已堆滿各式雜物的每個房間角落，做累了就睡個午覺、追追劇、準備晚餐，最後穿著可愛的圍裙等老公下班回家。雖然我從小在家是不用煮飯、也不用打掃家裡的小女兒，但我現在是人家的老婆了，老公都那麼辛苦地在外面上班賺錢，感覺由我來負責家裡的其他事情，也是滿理所當然的。

一直都是單身男子獨居的房子，髒亂的角落實在有點多，美國的房子又比較大，光是清理便是浩大工程。剛搬進去的時候，每天我會花一點時間整理各個區域，像是鞋櫃、書櫃、浴室、客房、儲藏間、車庫等，對於彷彿沒有上班就等於對這個家沒有貢獻的我，積極地把每個整理好的角落拍照傳給正在上班的老公，他的讚美似乎就是我身為人妻的成就感來源。

除此之外，我還去學做菜。俗話說：「要抓住男人的心，就要先抓住他的胃。」當時的我懷著這種天真爛漫的想法，不但買食譜學做各式各樣的菜，甚至還會買浮誇的愛心模具來煎蛋，看著愛心形狀的荷包蛋，自己都會忍不住揚起微笑，覺得這個老婆真是又賢慧又浪漫，為了老公犧牲奉獻的我真棒！

週一到週五是老公的工作日，所以我們只有週末才有比較長的時間相處。身為一個新住民，對於新環境當然是充滿新鮮感，不過我剛搬到美國時還沒有車，平常只能自己待在家裡，要靠假日老公開車載我出門，才有辦法去遠一點的地方晃晃。

雖然在同一個城市已經住了好幾年，但很奇怪的，老公對於附近的觀光景點或是能走走逛逛的地方並不熟悉。他說自己平常大多待在家裡，不太出門，但如果我有任何想去的地方，他可以陪我去。這時我心想，原來他是個喜歡待在家的男人，願意陪我出門代表他真的很愛我。

新婚的前幾個月，我和他就這樣一邊認識對方，一邊學習共同生活。很快的，屬於我們的夫妻模式開始慢慢形成，男主外女主內，他每天出門上班賺錢，我在家打掃洗衣煮飯，分工得剛剛好。

受人監視的不自由

獨自在家的閒暇時光，上網打發時間再平常不過了。有一天晚餐後，不小心撞見老公正在使用我們的共用電腦，螢幕上竟顯示著我白天在家看過的網頁瀏覽紀錄。我當下既驚恐又納悶：「他在做什麼？難道他是傳說中那種會看人手機和電腦，管東管西的老公嗎？」「交往那麼多任男友從來沒有遇過這一款，我不知道怎麼跟這種人相處耶，他這樣偷偷看是想怎樣？想知道什麼事不能直接問我嗎？」似乎是感覺到我走近，老公馬上把頁面關掉。但他這樣的舉動，不是更像在偷偷監控我白天在家有沒有做「違規」的事嗎？這種不舒服的感覺也在心裡悄悄滋長。

除了偷看瀏覽紀錄，老公也會用各種花招盤查我的交友狀況。在美國當人妻，把生活瑣事放上 Facebook 分享，是我跟台灣朋友聯絡感情的主要方式。也因為我們是閃婚又遠距離戀愛，在台灣僅有的相處時間全都奉獻給兩人世界，連彼此的爸媽都只見過一次面，更不用說是其他人了，對方的朋友或同學根本完全沒見過也不認識。

有天老公點開我的 Facebook 貼文，問我在下面留言的其中一個男生是誰？我看了看留言，是很普通的回覆，就回答他：「是以前的同學。」他接著問：「那他為什麼要來留言？」

這個疑問讓我腦中充滿疑惑：「為什麼要來留言？在社群平台上看到朋友的貼文，不管是出於關心、出於好奇或是單純想瞎聊，在下面留言不是很正常的事嗎？這是什麼問題？是你有問題，還是我有問題？」可是我身為一個新婚的嬌妻，不能因為單單一個無腦的問題就覺得老公奇怪，還是耐著性子回答：「因為他是我的朋友。」

你以為問題就此結束了嗎？還沒呢，老公又接著問：「那你們上一次聯絡是什麼時候？你們都聊什麼？他常常來妳的 Facebook 留言嗎？他有想跟妳怎樣嗎？」到這裡我終於聽懂了，原來最後一個問題，才是他心中真正的疑問。可能是因為不了解我的交友狀況，也從來沒見過我的朋友，所以看到有異性在我的 Facebook 上發言讓他有點緊張。

猜到他可能產生的情緒之後，為了消除他心中的疑慮，我趕緊說：「當然沒有啊！這是十幾歲就認識的老同學了，我們不可能怎樣的。」聽到我這麼說，老公看似放心地結束了這個對話。

然而，這只是開端。他對於我身邊的異性朋友提出疑問，我以為這個單一事件只是片小雪花，飄到地上一下就融化了，沒什麼好在意的。都成年人了，大家都有交朋友的自由空間，只要把持好界線，互相尊重，就沒什麼問題。殊不知，我以為的小雪花慢慢滾成了大雪球，還造成足以把關係摧毀的大雪崩。

讓人喘不過氣的交友禁區

「這個男的是誰？你們怎麼認識的？妳跟他很要好嗎？你們上一次見面是什麼時候？他為什麼要來留這些話？」對於每一個 Facebook 上來回覆留言的異性朋友，老公都有一百個問題想問。直至此時，我才發現另一半似乎對於我身邊的所有異性朋友都存有戒心，是個不安全感極高的人。

當時還處於熱戀期的我，並不會在心裡咒罵他有病，反而為了讓他安心，開始耐心地逐一交代每個男性朋友的結識時間、場合、熟稔程度。就算我覺得這個行為很像是在審問犯人，根本沒必要，時間一久也開始不耐煩，但為了消除他的不安全感，我還是盡其所能向他「報告」我的交友狀況，無奈地再三保證：「這些人就是我的朋友，在 Facebook 上面互動很正常，我也沒辦法控制他們要不要來留言。」

雖然我可以公開向男性友人宣告別來留言，但內心又覺得自己根本沒做錯事，也著實不想限制大家留言的權利，於是我開始刪除男性朋友的留言，只要看不到那些留言，就什麼問題也沒有了，不用一直解釋我的清白之心，也不必花時間處理老公的小情緒，回答各種無聊至極的交友問題。那段時間我彷彿在玩一場貓抓老鼠的刪除遊戲，只要一在 Facebook 發完新貼文，我就會緊盯著手機，趕在老公看見留言之前湮滅證據。

「欸，我把你剛留的言刪掉囉，因為我老公看到有男生留言會靠夭。」每次這樣做，我都會私下向被刪掉留言的朋友告知狀況，朋友覺得好笑之餘，也都理解身為人妻的難處，在我的互動牆上漸漸淡出。慢慢的，我的 Facebook 變成了女湯，男性止步，但老公的安全感並沒有因此增加。

我是一個個性開朗，喜歡跟人保持友好關係的人，從小到大自然結識了許多同性及異性的朋友。我不喜歡曖昧關係，所以在我的交友關係裡，朋友就是朋友，戀人就是戀人，自有一條畫得清清楚楚的界線，在以前數段交往關係裡，我的男友也都理解並尊重這一點。

在我的認知裡，既然是交往關係，就該尊重對方。如果伴侶和異性做出超越友情的行為，吃醋或生氣當然是正常反應，伴侶自然也該安撫好這種負面情緒。但如果只是單純的朋友聚會、交談、傳訊息、分享生活趣事，就是屬於各自的交友空間，應該保有各自的自由。我一直以為大家都是這麼看待交友關係的，在結婚之後，才恍然驚覺另一半與我的觀念截然不同。

「他為什麼要跟妳講這些？妳為什麼跟他這麼好？妳以後不准跟他聯絡了。」某次我跟老公分享男性朋友與我閒聊的生活近況之後，他脫口而出這幾句氣話。聽到的當下我倒抽一口氣，心中五味雜陳。

在結婚之前所有的交往關係裡，我從來沒有聽過這種話。我心想：「老公生氣了嗎？這有什麼好生氣的啊？我只是想跟他分享一些生活瑣事，因為是出自男性朋友，所以他不高興嗎？還是他覺得我不該跟男性友人私下聯繫，所以他很不爽？」「老公對我做出了這種要求，代表他好像很介意這個男性朋友，雖然我們之間只是單純的朋友關係，但如果老公都已經這麼介意了，身為小女人的我還繼續跟朋友往來，好像就等於違背了他的意思，變成不忠的老婆。」

但另一方面，我又覺得：「為什麼這個男人可以限制我不能再和老朋友來往？只因為他是我的老公嗎？是不是腦袋有毛病？我們又沒怎樣！」腦袋裡有好多聲音同時出現，覺得眼前這個男人提出的要求很無理，但又覺得如果不照做，自己就得一直承接壞情緒，我想要我們的關係好好的，我好不想像現在這樣。

要一直安撫沒安全感的男人，是一件很耗費精氣神的事，尤其我對於安撫人並不是那麼在行，也不是很有耐性，於是為了快速解決眼前的問題，我這樣回答他：「喔。」

當時我真的是這麼想的：「為了不要造成他的不安和負面情緒，以及尊重他身為老公的感受，我決定聽他的話，少跟男性朋友們聯絡。」

朋友當然不知道他們被我老公下了「拒絕往來令」，我自己都覺得這件事是無理的要求，更不可能跟朋友直說。然而，我已經嫁做人婦，最好還是以夫為天，家庭裡以和為貴，少發生爭執為妙，既然決定要當個背負貞潔牌坊的女人，那再辛苦都要背到底，就先這麼辦吧！

某天，我收到來自一位男性朋友的問候，看到突如其來的訊息，我竟然覺得緊張，不知道該怎麼回應才好。我心中忍不住想：怎麼辦？朋友傳訊息來也不是我能控制的事，我到底該不該回？回覆訊息似乎不是選項，因為我不可以違背老公的要求，我答應他不跟異性朋友聯絡了，但不回也太沒禮貌。

明明只是一個再普通不過的問候訊息，竟然會讓我產生那麼多擔憂，還把自己搞得很像是想出軌的女人，連背叛老公的罪惡感都出現了，天啊！我怎麼會變成這樣？我一定是腦袋哪裡開始出問題了。

為了「合格」，讓尊嚴彎腰

不只是交友狀況，老公的控制欲更逐漸伸展到其他地方。和老公認識、交往到結婚，差不多是從秋天一直到隔年春天，由於在美國居住的地方偏冷，一年大概有十個月都需要穿長袖，所以除了在家進行床上運動時，老公會看到我的大片肉體之外，其他在家或是外出的時間，我的身體有八成的皮膚會被衣物包覆著。這件事有什麼好強調的？看下去你就知道。

熱戀期總是過得特別快，在春末結婚之後，馬上迎來了炙熱的夏天，就算是住在高緯度的地方也一樣。週一到週五只能在家當賢妻做家事，我內心最期待的，自然是週末能和老公一起到戶外走走，在外面餐廳吃些特色餐點。

某個週六出門前，我精心著裝打扮後下樓，老公瞄了一下我的穿著，由於天氣熱，我特地挑了一件可愛的背心，心想他應該會覺得老婆怎麼那麼可愛吧？沒想到有別於期待，老公打量完反而臉色一沉，不發一語地出門發動車子，不知道現在是什麼情況的我只好趕快跟出去。

那天吃飯逛街的行程雖然一如往常，但隱約可以感覺到一股低氣壓籠罩在兩人之間，老公悶悶的不太說話，問他怎麼了卻說沒事，我發現他好像在生我的氣，但真的無從知曉自己到底做錯什麼。

隔天是週日，我打算把握時間出門晃晃，隨意套了一件V領T恤就要出發，卻又迎來了打量的目光。

「妳要穿這件衣服出門嗎？」

「對啊，有什麼問題嗎？」

「可是，妳胸口那裡很低，會被別人看到胸部耶。」

蛤？天公伯啊！什麼跟什麼！我的內心不知道翻了幾圈白眼。這就只是一件T恤耶，超普通的，而且沒人會特別伸頭過來往我衣服裡面看吧？一方面覺得荒唐，另一方面也覺得莫名其妙，明明沒做錯什麼，卻被這樣質疑。

老公下一句便命令我：「妳去換一件吧。」聽到這樣的「指示」，我突然和昨日早上似曾相識的情景連結起來，追問他：「所以你昨天是覺得我露太多，才整天不高興？」他也不裝了，點頭回我：「妳是我老婆，我不想要妳給別人看。」

看？是要看什麼？別人到底會看到什麼？昨天也就只是露了九五％的臂膀，今天換成一〇〇％的脖子，不該露的全都沒有露啊？我在心中無奈地吶喊，但是看著老公沉下去的表情，滿臉的不高興，為了想要趕緊解除兩個人之間的颱風警報，出發去我計畫好的地方，我只好妥協：「好啦，我去換一件。」

回到樓上房間，我在衣櫃前把身上「不合格」的T恤脫下，打開抽屜努力翻找著「合格」的衣服款式，突然覺得有些委屈。我可以理解不喜歡自己的老婆穿得太裸露，但這些衣服沒露奶、沒露腰，更沒露屁股，到底有什麼問題？我要為了這種奇怪的占有欲，放棄自己想穿的衣服嗎？只因為我是你的老婆，就可以隨意過問我想穿出門的衣服，不接受的話便要生氣，丟來一堆負面情緒嗎？

這些問題不停在我腦裡打轉，最後我還是穿了一件再樸素不過，也確保衣領在鎖骨上方的T恤下樓。看到我換了一件「合格」的衣服，老公竟然笑逐顏開，剛剛臉上那些糾結的表情都消失了，一副可以安心出門的樣子。哇，只是區區一件衣服，竟然可以讓他的心情轉變得如此之快。

自此之後，為了不要讓老公不開心，凡是他認為「不合格」的衣服——也就是穿上之後，老婆的皮膚會超出他允許面積範圍的那些衣服——開始消失在我的衣櫥裡。身為一個在台灣長大，每年夏天總會經歷三十八度高溫，喜好穿細肩帶、背心、短褲，能多透風就多透風的女子，往後再也沒有涼爽的衣服可穿，想偶爾小露性感的洋裝、短裙更是被無情殲滅，無一倖存。

同時，為了確保老婆的皮膚露出符合他的規則，老公會在逛街時亦步亦趨地跟在旁邊安全監控，只要我把衣服從架上拉出來打量，馬上就會有安檢般的X光眼神掃來，上下仔細掃描衣領會不會過低、布料會不會過少、裙子是否太短。跟這位像在抓走私的緝毒犬逛街，我覺得壓力好大，幾次之後，根本不想再和他一起踏入服飾店。

後來情形愈發失控，如果是我自己出門逛街，只要買了新衣服回家，就得馬上和老公報告，還必須立刻換上。美其名是老公想看看老婆的美麗身影，實際上是他要檢查遮蔽的布料是否足夠，接著還要在他面前彎下腰，讓他確定領口的開口大小是否「過關」，其標準是路人有沒有辦法從極度不合常理的角度看到他老婆的奶。透過他臉上的表情，可以明確知道這件衣服該放進衣櫃，還是該退回店裡。

每次彎下腰被檢查的同時，我覺得我的尊嚴也在彎腰。

仔細想想，這些規定實在很奇怪，為什麼結了婚就不能自己決定該穿什麼衣服呢？不過當時的我，把「衣服」跟「關係」這兩個並不能比較的事物放上天秤兩端，好像為了保護一方，就必須捨棄另一方，因為比起這些衣服，我更在意的是夫妻之間的關係。我希望兩人之間的氣氛是好的，不想因為區區幾件衣服導致開心的週末泡湯，那可是我期待了五天才能和愛人一起出門的約會時光。

縱使我知道這些無理要求因他毫無道理的占有欲而起，但因為愛，因為他比衣服重要一百倍，儘管覺得無奈，我還是可以收起不滿，脫下他不喜歡的衣服，只為換取兩人的和睦相處。

當時，我以為我放棄的只是衣服的選擇權。殊不知，他開始發現，只要他用情緒當武器，就能拿到對老婆的掌控權。

原來，我們對愛的定義不一樣

一旦開始退讓，老公希望我「改進」的地方愈來愈多。只要他不滿意我的行為，就會先擺出不高興的樣子，接著不說話，等到我受不了這股低氣壓，主動開口詢問時，他再「指點」我哪裡做錯了。如果我覺得他在意的事不算太嚴重，我會道歉，再按照他的意思去調整。慢慢的，我發現他心中早已設定好一個妻子的理想型，所有他對我提出要改進的地方，都是希望我往那個模樣靠近。

他想要一個會在他上班時把家裡打掃乾淨，煮好飯等他回家的賢慧老婆；他想要一個說話輕聲細語，對他尊敬有禮貌，不要有太多主見的溫柔老婆；他想要一個沒有不良嗜好，不上夜店、不打麻將的乖巧老婆；他想要一個眼裡只有他，沒有任何異性朋友的忠貞老婆。簡單來說，他內心的完美妻子，就是電視古裝劇裡以夫為尊、全身上下包緊緊、小鳥依人的大和撫子。為了得到心目中的完美妻子，他開始改變我的樣子。

除了不准和男性朋友聯絡，穿衣服有諸多限制之外，說話的口氣也必須非常謹慎。老公的原生家庭氣氛比較嚴肅，從小對父母要畢恭畢敬，也不能亂開玩笑。反觀我的原生家庭，因為有個幽默的爸爸、開朗的媽媽，家人之間透過互相調侃來聯繫感情十分正常。因為成長環境及家庭氛圍的迥異，再加上我的個性直來直往，有話就說，老公總覺得我對他說話的態度很不禮貌，也不喜歡我對他開玩笑，彷彿我是在嘲笑他或貶低他，也經常為此發火，希望我改進對他的說話方式。

隨著相處的時間變多，需要磨合的地方也愈來愈多，雖然這本來就是婚前早已預料到的事，但是久了總覺得哪裡怪怪的。我們之間的磨合，好像不是互相，也沒有溝通，只是他單方面提出對我的要求，我再好好改進以符合他的標準。

他不滿意的地方或需要徵得他同意才能做的事愈來愈多，我發現，他喜歡的好像不是我，而是想像中的我。我們認識對方沒多久就結婚了，很容易把眼前看到的一〇%想像成自己心目中一〇〇%的美好樣子。一旦他發現我和想像中的不一樣，我就成了那個需要調整的人，要像捏黏土娃娃般把我捏成他的完美理想型。但那根本不是我啊，他難道不能接受真實的我嗎？雖然有點遲了，但我不禁心生疑惑：我們真的合適嗎？

「唉唷，他就是太愛妳了才會這樣管妳啦！」我跟身邊的友人抱怨，卻得到了這樣的回答。這種言論乍聽之下像是在讚美我，因為我的美貌、我的個性、我的一切都讓老公太過喜愛，他不想讓任何人覬覦，所以才會對我的行為舉止做出諸多管控。反之，要是他沒那麼愛我，才不會管這麼多，今天我受到如此「恩寵」應該要心存感激。

所以「愛」等於「控管」嗎？我嫁給了一個占有欲很強、嫉妒心很重、安全感很差的人，所以他就能以愛為名逼迫我改變，這就是他愛我的方式嗎？或者，因為我想要他繼續愛我，就要讓他隨意剝奪我的自由意志、放棄喜好、斷絕友誼，這真的合理嗎？**我以為的愛，是兩個人互相尊重，願意給彼此空間，互相扶持、共同成長，遇到事情能和平溝通，遇到問題一起解決，愛裡面雖然涵蓋「占有」，但更多的是「尊重」**。

原來，我們對愛的定義不一樣，更相差甚遠。

關係健檢清單

在結婚蜜月期，所有的一切看起來都是如此新奇又美好，為了不要戳破夢幻泡泡，就算遇到非理性要求也經常選擇忍讓，但這樣真的好嗎？若要維持健康的關係，請先檢查是否有以下盲點：

□因為愛，也因為溝通很累，遇到讓對方不開心的事情，先道歉就對了。

□為了降低對方的不安全感，就算是正常往來的朋友，也該盡快斷捨離。

□不喜歡低氣壓的氛圍，儘管有些違背價值觀，仍會盡力符合他／她的標準。
□為了變成他／她心目中的理想型，願意全盤接受對方的要求。
□他／她是因為太愛我了，才會想要控管一切。

第 3 章

有子並非萬事足

急轉直下的愛情

結婚半年後，我懷孕了。

老公是家族裡的長孫，還記得當年他家的所有長輩一聽到結婚的消息，包括阿公、阿嬤、叔叔、伯伯、阿姨、姑姑等人，立刻紛紛關心我們什麼時候要生一個男孩延續香火，好像結婚的目的就是為了生出小雞雞，夫妻相不相愛、處得好不好，全都不是該在意的重點。

三十出頭的卵子跟精子活動力真不是蓋的，就在我們決定要自然受孕的隔月，馬上不負眾望地輕鬆完成這項使命。頻頻跟家人報喜的老公，似乎也覺得他的精子好會游又好威猛，完美讓他發揮身為長孫、身為男人的最大作用，他的階段性任務已達成，至於接下來的懷孕過程和小孩生出來後的照料瑣事，責任歸屬於媽媽，他就不介入了。

懷孕對於女人來說，真的是體質崩壞的開始。肚皮被撐大，撐出一條條不屬於少女的妊娠紋，還會因體內荷爾蒙改變而產生孕吐、胃食道逆流、便祕、痔瘡、水腫等症狀，更不用說胎兒愈長愈大後會帶給身體沉重的負擔，背部會因長期負重的壓力難以挺直，內臟被迫彼此擠壓，孕期的最後時光經常沒辦法好好平躺在床上睡覺，時不時還要被肚子裡突如其來的拳打腳踢伺候，肚裡的娃兒好像以為多踢幾下就能把媽媽的子宮踢成三房兩廳……

不公平，真是太不公平了，明明都是床上爽幾分鐘（還不一定有爽到），接下來的十個月卻只有女人要承擔這些辛苦。既然這是當媽媽必經的過程，我也只能認命，不過人家總說女人懷孕的時候最大，半夜想吃什麼，老公都會不辭辛勞地弄來滿足老婆的需求，那我應該也可以趁機來好好體會一下當孕婦的特權吧？

某個週末，剛起床的我決定感受一下孕婦被呵護的感覺，撒嬌地問著枕邊人：「老公，我肚子餓了，可以去買有飯糰的那家早餐給我吃嗎？」老公在床上懶懶地翻了個身，連眼睛都沒睜開就說：「我想睡覺，妳自己去買。」

嗯？怎麼跟我想像的不一樣？摸摸鼻子，我出門發動車子，開車前往路程三十分鐘的中式早餐店。在美國吃東西不像台灣一樣方便，走到巷口就有，想吃亞洲食物得開車到比較熱鬧的鄰近城市，三十分鐘的路程算是基本，更何況孕婦特別想吃什麼的時候，就一定要吃到。我自己去買是吧？好！是我想吃的，我就自己去買！

心裡一邊這麼想，老公的電話就來了。「妳自己去買早餐了喔？」我以為老公良心發現，要跟我說怎麼跑這麼快不等他，結果他下一句居然開始點起餐來：「那我要吃水煎包，記得幫我買回來。」掛斷電話，我忍不住往下看了一下，嗯，我確定肚子隆起的懷孕婦女是我沒錯，但怎麼不是他來服侍我，而是我去服侍他呢？

專屬的禁忌之地

很顯然的，我的老公覺得懷孕這件事並不構成任何需要特殊照顧的理由。我懷孕後雖然有些不舒服的症狀，但依然氣色紅潤、聲音宏亮如鐘、行動上更是健步如飛；更何況因為簽證問題，我孕期中間會有好幾個月待在台灣，不在他的管轄範圍內，就更跟他沒關係了。

身為一個丈夫，他只要、也只想確定一件事，那就是：沒有其他男人會碰到我的老婆。

申請居留證的其中一關是要在台灣面試，安排的時間剛好是懷孕初期，所以頭幾個月我先飛回台灣準備面試順便養胎，在台灣看醫生既方便又能用中文溝通，初次懷孕的我更是把握良機一次問個清楚。

第一次到婦產科產檢完回到家後，我興奮地打電話給老公，告知今天去看了婦產科醫生，單純想與他分享肚子裡有新生命的感動與奇妙經驗。一般來說，要是懷孕的老婆不在身邊又去看了醫生，正常人會問的問題是：「醫生說妳狀況還好嗎？」「什麼時候可以知道寶寶性別？」但我的老公不是正常人，他對於老婆去看婦產科的第一個問題是：「妳剛剛去看的醫生是男的還女的？」

「男的啊！台灣婦產科醫生大部分都是男的啊！有名要排隊的那些更都是男醫

生呢！」我在心裡想，不能跟男性朋友有接觸就算了，該不會連我給「男」醫生看診你都有意見吧？只聽見電話那頭的老公深呼吸了一口氣，語重心長地說：「這次就算了，我不跟妳計較，但是下次妳記得換一個女醫師。」

傻了，我真的傻了，剛剛那個語氣是什麼東西？什麼叫做這次就不跟我計較？我做了什麼需要被計較的事嗎？因為他內射讓我的卵子長成了一個胚胎，我請專業的醫生檢查何錯之有？而他那一副我就是做錯事，但念在我是初犯，他姑且大發慈悲原諒我的態度又是從哪來的？這是一個正常的老公兼爸爸，在聽到老婆去醫院產檢時應該有的反應嗎？我真的不知道是在醫院第一次照超音波，發現肚子裡有個生命這件事奇妙，還是被責怪去看男醫生這件事比較奇妙？

原來，在我老公的心裡，老婆的身體、胎兒的狀況都不是重點，他只在乎老婆的下體有沒有被其他男人看到，因為那是屬於他的下體，烙印上他的名字的禁忌之地，就算是專業的醫生，縱使有再正當的理由，也不能隨意碰觸。

在那個當下，我似乎理解了什麼，也對於這段感情有了更多不理解的地方。

關於懷孕，你一定要先知道的真相

明明當年也不年輕了，怎麼對於「生小孩」這件事如此懵懂無知呢？結婚後每個人都叫你快生快生，彷彿生孩子就和去餐廳吃飯，看到食物上桌便要動刀動筷一樣自然，結婚的下個步驟必須得是懷孕。我感覺像是在證明自己是一隻會下蛋的母雞，別人這麼做，我似乎也該這麼做。

而且，看別人帶小孩感覺很簡單，每個小 baby 看起來都像天使一樣，媽媽只要按時餵小孩喝奶、換尿布、拍背哄睡就沒事了，跟照顧貓貓狗狗差不多，那些不用去外面上班，看老闆臉色，只需要在家照顧小孩的媽媽根本就日子過太爽！

生小孩前我是抱著這種天真想法的，在此我跟所有在家自己顧小孩的媽媽們鄭重下跪道歉，我錯了，我不該覺得顧小孩是輕鬆的事，我不該覺得小孩只是沒有毛的寵物，我不該覺得小孩睡覺的時候像天使，醒來就不會像惡魔，我更不該覺得有了小孩之後媽媽還能保有一丁點自我。

事實是，如果妳決定要當一個自己顧小孩的媽媽，從嬰兒出生的那一刻開始就必須放棄妳的生活、妳的時間、妳的自由、妳的興趣、妳的身材——也就是妳的一切。每天眼睛睜開後，腦袋裡思考的再也不是自己要做什麼，多半是先被哭聲吵醒，牙沒刷臉沒洗就要開始伺候無法用言語交談的一團肉，無限輪迴地每兩小時就要換尿布、陪玩、餵奶、哄睡。

等嬰兒愈來愈大，雖然會逐漸拉長到三小時或四小時一輪，但每輪實際需要的時間還是全靠媽媽當天的運氣，如果運氣不好，遇到嬰兒哭鬧不休，鬧上好幾個小時是家常便飯，講人話他聽不懂，比手畫腳他看不懂，放任不理他也沒要停下來的意思，最後小孩哭累睡著了，媽媽半條命也去了。

照顧嬰兒不是朝九晚五、可以下班的工作，而是二十四小時的苦差事。別被照片中乖巧可愛的嬰兒騙了，以為他們一直都像天使般令人疼愛，他們更多時候是來考驗你的小怪獸。如果很難想像全天候照顧一個小孩有多辛苦，先把對象替換成你的交往對象，有公主病或王子病、很需要伺候的那種，情緒既不穩定也不講理，還是個愛哭鬼，整天跟你討抱抱，隔不到幾小時就說肚子餓要吃飯，吃到一半還會不吃又拳打腳踢地哭鬧，好不容易安撫好讓他睡個覺，也一定要你抱著邊搖邊唱搖籃曲，才不甘願地把眼睛閉上。等他好不容易睡熟，你以為可以悄悄離開，到旁邊休息片刻滑滑手機，想得美，你人一離開床鋪，他就像警報器響一般，馬上眼睛瞪大醒來，開始嚎啕大哭……

試問，你能跟這種人交往多久？第一次約會來這套，正常人早就腳底抹油趕快開溜，已讀不回加封鎖，多待一秒都會精神耗弱。剛剛舉例的是約會或交往的對象，可以說分就分，說不理就不理，但是媽媽對親生孩兒可沒辦法這麼做，妳生了他就得負起責任，被他從早到晚糾纏，疲勞轟炸外加身心俱疲，這一系列的恐怖循環，要延續到小孩長大到能送去學校被老師收留為止。

孩子不是一個人就能生的，也不是一個人就能照顧得來，生了小孩之後，身邊的伴侶尤其重要，面對著這種二十四小時的勞力活，如果能有個一起輪班分攤重任的隊友，何其有幸。只可惜，我沒那麼幸運。

孩子是婚姻的照妖鏡

結婚後，我們很快便協調好夫妻在家裡的分工，老公負責工作賺錢，老婆負責家裡的日常大小事務。結婚過了十四個月後，小孩出生了，對老公來說，小孩屬於家裡的日常事務，所以還是交由老婆負責，他負責的項目則是維持原樣，朝九晚五上下班。

美國不像台灣有方便的月子中心，在醫院生完，隔天醫生只要檢查傷口無大礙，就會請妳出院回家休息，也就是從生產的那一刻開始，媽媽便得馬不停蹄地開始照顧長征，完全無法休息，真是非常難得的生命體驗（擦眼淚）。

面對一個新生兒，手足無措的新手媽媽要努力學習所有照顧小孩的事，漫長的一天裡，兩小時餵奶一次、三小時換尿布一次、衣服被吐奶或是沾到排泄物就換衣服一次、洗澡一次、哄睡八次、安撫情緒五十次。而在奮力當一個好媽媽的同時，身為老婆，還是有許多日常家務需要處理；反觀新手爸爸，則是終於可以享用期待已久、公司給的一個月育嬰假，這個月不但不用上班，還能翹腳放鬆做自己想做的事，多愜意啊。

同為新手父母，卻是兩樣情。萬幸的是，我剛生完的前兩個月，媽媽特地從台灣飛到美國幫我坐月子，在飛來前她早已耳聞女婿是不管家務事的老公，怕女兒被孫女整死的外婆，一肩扛下了煮飯跟整理家務的工作，還分攤了大半照顧嬰兒的苦差事。

剛從醫院回到家，產婦下體的傷口都還沒恢復、持續流血的同時，還要忍受宮縮肚子痛、脹奶塞奶痛一邊照顧嬰兒，現在回想起來，回家前兩週的一切因為太過痛苦，我似乎強制刪除了那段記憶的細節，只記得每天睡不到三、四個小時，還好有媽媽這個強大後援，前兩個月雖然每天都像打仗那般緊張與疲憊，總算還是熬過去了。

孤軍奮戰的育兒生活

媽媽回台灣後，原本由她協助的家事及顧小孩的工作全部回到了我的身上。然而，儘管我一個人分身乏術時會開口請老公幫忙，但他經常用一些不像話的理由推託，像是小孩的事他不知道要怎麼做，小孩就是只想找媽媽，或是應聲之後拖了半天還不起身去做，久而久之，我漸漸覺得要找個人幫忙還得三催四請的反而更累，不如乾脆什麼都自己來比較快。

某天睡覺前，老公抱著枕頭、棉被說：「妳晚上餵奶很吵，我睡不好會影響隔天上班，我要搬去客房睡了。」撇頭就大步往客房邁去。聽到這番話，看著那個無事一身輕的背影，我心裡瞬間燃起熊熊大火。

嫌我半夜吵？吵到你睡覺？我是睡到一半被小孩吵醒，要起來餵奶、哄睡，哄完還要把多餘的奶擠出來備用好嗎？身為一個父親，每天晚上見我如此忙碌，你有幫過任何一點忙嗎？還是你以為我白天都在偷懶、睡大頭覺？你在家爽了一個月的大假之後，回去上班就很了不起嗎？顧小孩比你去公司上班還累好不好，在家除了照顧小孩之外，還要把她掛在身上一邊煮飯、洗衣、打掃，為了不要讓她好不容易平復的心情突然變差，哭起來很難哄，常常連上廁所時都要讓她坐在我的腿上，一點放鬆的時間都沒有。你下班回家可以休息，我可沒時間休息，已經累一天了還要等著你回來，我才能把她放著，去浴室洗三分鐘的澡。

三分鐘，每天唯一不用跟小孩黏在一起的時間就是那三分鐘，這就是我每天的生活，請問你做了什麼？下班以後你要放空你就去放空，請你洗澡洗快一點出來幫忙點事情，你說不要剝奪你放鬆的時刻，那我呢？我二十四小時被小孩、被你、被這個家剝奪，體力跟精神都要被掏空了，但這就是我的責任，身為老婆、身為母親的責任，我什麼時候因為太累就要賴不做？這樣公平嗎？

看著房裡空著半邊的床鋪，我的心也跟著空了一半，默默開始細數老公從我懷孕到孩子出生這段時間的種種不貼心舉動，以及家務上嚴重的不平等分工，對於身邊的這個男人，喔，是正在另一個房間呼呼大睡的那個男人，我累積了好多不滿及委屈。

媽媽回台灣以後，我一直在孤軍奮戰獨自育兒，我覺得好累好累，好想有人可以一起分攤，讓我能稍做休息，就算只有一點點協助也好，甚至一點心靈上的支持也可以。帶小孩雖然很艱難，但這是我們兩個一起生的孩子，不是應該要一起照顧才對嗎？為什麼我們在同一天開始當爸媽，我要學會做全部的事，而你只要說你不會，就可以兩手一攤，一副事不關己的樣子？當你的老婆好辛苦，為什麼累的事都要我自己一個人承受？

老公對家庭的觀念大部分源自原生家庭，公公從小威嚴的父權思想深深影響了他，所以當我企圖對他做出要求，請他多分攤一些照顧小孩的事情時，他如此回應：「我爸從小都沒有幫我換過一片尿布，我現在還知道怎麼幫女兒換尿布，已經很厲害了。」在他心中，他的爸爸就是他的唯一標準，只要超過就合格；但在我眼裡，用零分的基準當標準，再怎麼超越也離合格有一大段距離。更何況，我嫁的又不是他爸。

女兒兩歲時，我向老公提議想把女兒送到附近的學校，每週兩個早上，讓她開始慢慢學習群體生活，我也可以趁這兩三個小時的空檔，做一些自己的事情。老公想都沒想，馬上說：「那這樣妳不是就很爽？我都沒有耶！」一口回絕了這個提議。

聽到老公根本不經思考就吐出的回答，那種納悶、生氣且無奈的感覺又來了，但這次更多了心寒。

在他回應的短短兩句話裡，我的解讀是：老公覺得我是全職媽媽，我就該二十四小時專心照顧小孩，因為那是我負責的工作。如果今天我把女兒送到外面上課，那些小孩不在身邊的幾個小時，不管我是拿來休息、補眠、逛街、買菜或做家事，對他而言就是在偷懶，就是讓我有了爽爽放假的藉口。那幾個小時他都還在公司工作賺錢了，我怎麼能在他辛苦的時候，自己獨自擁有休息的時光呢？這對他而言太不公平了，所以老婆沒有資格，也不配擁有那樣的時間。

早知道生了小孩後，我要這麼犧牲、這麼辛苦，連喘息的機會都沒有，當初不應該生的。喔，不，是當初不應該跟你生的。

想當巨嬰的豬隊友

既然老公覺得照顧小孩是媽媽的責任，在沒有幫手及後援的情況下，我只能全心全意投注所有時間及心力在小孩與家事上。這樣的生活過沒多久，老公居然開始覺得我花太多心力在女兒身上，他沒有受到同等的關心與照顧。

「為什麼妳對女兒說話的口氣都那麼溫柔，對我都沒有那樣？」某天我在浴室幫女兒洗澡的時候，老公湊過來說了這句話。老公這種生物真的很奇妙，永遠可以雲淡風輕地吐出讓老婆一秒暴怒的話。

聽到這種不知道是吃醋還是埋怨的問題，忙碌了一天的我不自覺把聲音提高了八度：「請問你是從我下面出來的嗎？這種話要不要去跟你媽說？」心想是沒看到你老婆每天忙得焦頭爛額嗎？不幫忙就算了，還要我對你溫柔婉約，當嬰兒一樣伺候？不好意思，你不是我兒子，想要一個對你講話輕聲細語，會無微不至照顧你的人，請去找你媽！當下直接用怒火把老公給噴出浴室。

也不是頭一天認識彼此，我當然知道老公的腦袋瓜在想些什麼、為什麼會提出這種「需求」。

以他的角度來說，結婚之後他才剛開始享受脫離單身、受人照顧、有人張羅起居的新生活，每天下班回家都會有笑臉迎人的老婆夾道歡迎，桌上也都有熱騰騰的飯菜可以享用，吃完飯後滑滑手機、喝個啤酒、看看影片、有餘力還能在床上開心一下，再好好進入夢鄉。

結果怎麼生小孩之後，他的生活就跟著天翻地覆，下班後只能見到一個臉色蠟黃、疲憊不堪、滿頭亂髮、抱小孩比抱他還多、總是滿臉怨氣與怒氣的女人，想放空休息一下卻一直被叫去幫這幫那的，睡前想在床上開心一下，老婆不是沒空，就是擺臭臉說好累想休息……和他結婚的那個貌美如花又熱情開朗的女人去哪裡了？怎麼生了孩子之後，她就不見了？

在他疑惑迷惘之際，竟然發現老婆跟小孩說話的時候總是溫言軟語、微笑以待，眼神甜得要滴出蜜來，於是他開始羨慕起女兒，為什麼老婆只對她百般疼愛，他也好想要。他覺得老婆不該因為有小孩就忽略了他，也不該因為有小孩就改變對老公的態度，他的生活更不該因此起了變化。

他一直沒想通的是，改變生活的不是只有他一個人。當一個全職媽媽，尤其是第一年，我把所有的體力、睡眠、精神、耐性都奉獻給了孩子，絲毫沒有自己的時間。我需要幫手、需要休息、需要放鬆，更需要能偶爾遠離小孩幾小時，大口呼吸自由的空氣，而不是還得分神照顧一個巨嬰。

而且，就算脫離了第一年嬰兒最需要照顧的時期，後面的兩三年也有接踵而來的各式挑戰需要面對，小孩不是只有一個家長，如果兩個人不能互相協助、互相體諒，成為對方身心各方面的支柱，獨力照顧的人會有多辛苦、多疲憊、多孤單啊。

這份孤獨，在我當全職媽媽的日子裡，也隨著孩子長大逐年增加。

被媽寶與婆婆夾擊

兩人已經溝通不良，若還有旁人要參一腳分享高見，只會把局面愈搞愈混亂。

由於老公的收入不錯，可以負擔兩個人的生活，加上我們結婚後沒多久就火速懷孕，所以搬到美國之後，我便順理成章轉職為「家庭主婦」，舉凡煮飯、洗碗、打掃、擦地、洗衣、烘衣、摺衣、收衣、換廁所衛生紙、刷馬桶、整理書櫃、添購生活必需品等大小雜事都由我全權負責，也因為是我處理，才發現原來兩人在家事的要求上，有著截然不同的標準。

老公是在傳統家庭中長大的長子，家事一律交由家中的女性負責，從小自然沒受過太多家務訓練，「茶來伸手、飯來張口」就是婆家對待家中男性的養成方式。所以一個三十幾歲的男人，不會煮飯、不會洗碗、不會摺衣服、吃完喝完用完東西不會收拾，似乎很正常。

老公雖然自己一個人在國外居住多年，生活技能卻絲毫沒有長進，但與其說他是「生活白癡」，還不如說他「亂無章法」比較貼切。

拿衣服來舉例好了，回家襪子先是隨處丟，衣服脫了直接丟地上或椅子上，真的太髒就丟進洗衣機暫放，洗衣機裝滿之後才開始洗衣服、烘衣服，輕鬆簡單就擁有一整個烘衣機的乾淨衣服。每天出門前，只要從烘衣機挑出想穿的衣服就好，簡單又方便，那些撈出來想穿但又改變主意的衣服，就隨興地丟在一旁，反正跟衣櫥有靠近就好。

這套隨興的生活方式，他可以套用在任何家裡的角落：客廳、廚房、浴室、書房、臥室，每一處都徹底執行。

婚後家裡出現了我這個全職家庭主婦，開始把家裡打掃得乾乾淨淨、東西歸位，跟在他屁股後面收拾殘局，老公心裡燃起了幸福感，從小那種被媽媽照顧、阿嬤呵護的感覺終於又回來了，讓他更確信，老婆果然就是要娶來伺候和照顧自己的人。有小孩後，在老婆身上才剛失而復得的幸福感又被撤銷，當他得不到像以往的全心照顧與溫柔對待時，便促使他轉往媽媽身上取得慰藉。

某天半夜，我起來上廁所，卻意外聽到樓下傳來講話的聲音。我不免心生疑惑，這大半夜的，不可能跟同事談公事，他又沒朋友，老公到底在和誰通電話，還講得慷慨激昂的樣子？難掩好奇心，我把房門打開半掩，耳朵豎直了聽。不聽還好，一聽馬上血壓飆破一百八，原來，老公正在跟婆婆通電話，而通話的內容全在數落老婆的種種不是：

「她現在都不幫我摺衣服了，都丟在那裡叫我自己收。」

「她要求實在很多，看完書都要我把書放回書架上。」

「以前我下班可以好好休息，現在只會叫我幫忙做家事。」

「她都在顧小孩，也不安排兩個人的約會。」

「我在公司多少人要聽我的，在家卻常被她和女兒當笑話，完全不尊重我。」

「我已經忍她忍很久了，我不知道什麼時候會忍受不了……」

我愈聽愈火大，再也聽不下去這些荒謬對話，而且如果再不趕快躺好睡覺，等等女兒醒來我又沒得睡了，決定還是先回床上深呼吸，平復一下心情。

關上房門後，老公跟婆婆通話的聲音還是隱隱約約從樓下傳來，雖然聽不清楚他們談話的內容，但我知道，老公對我的抱怨沒有停歇。我不知道這是結婚兩三年來他第幾次向媽媽抱怨老婆，我只知道要抱怨還不找個隱密的地方躲起來偷偷說，是故意要讓我聽見的嗎？誰聽到自己被抱怨的時候會開心？更何況這些聽起來是多麼不合理的控訴。

雖然知道自己必須趕快休息，但腦袋裡好多想法同時在打轉，想著原來老公對我有這麼多不滿，不滿到大半夜睡不著覺，跟媽媽通話了兩個小時還不夠；原來我要求你幫忙做家事讓你覺得備受委屈，委屈到要這麼憤慨地跟媽媽抱怨老婆有多不好；我們想法觀念差異竟然這麼巨大，我們真的真的真的，好不適合在一起。

不斷想著一句句老公抱怨我的內容，揣測他說出這些話與背後的意義，無奈、氣憤、委屈，甚至覺得莫名其妙的我，輾轉失眠到天明。

也許，我們真的不適合

隔天一早，老公起床後若無其事地照常去上班，在家陪小孩的我，思考著是否要讓昨晚聽到的事就這樣算了，就當半夜起床夢遊，不小心聽到來自靈界的聲音。但糾結的情緒一直持續到下午還揮之不去，陪小孩愈陪愈不爽，再不把想講的話講出來我會內傷。於是，把前一晚經歷的心情整理了一下，傳了這樣的訊息給正在上班的老公：「你昨晚跟你媽抱怨的事我都聽到了，我想你是講得特別大聲想讓我聽到吧？跟我在一起讓你這麼受委屈、那麼不感到尊重也太難為你了。我們兩個的生活習慣、成長背景、個性都差別很大，相處起來也特別困難，既然你快忍受不了了，雙方也都累了，可能代表真的很不適合，那就討論一下接下來要怎麼做吧。」

看著訊息顯示已讀，確認老公已經收到，我便放下手機去做事。沒想到過了三十分鐘，老公竟然回家了！帶著一副做錯事被抓到的神情，一進家門就馬上跟我道歉，說他對不起，他不是那個意思，但我其實不太清楚他的「不是那個意思」是什麼意思？昨晚不是故意要講那麼大聲讓我聽到？還是他抱怨的那些都不是他的意思，只是被鬼附身？還是他所謂的「快要忍受不了」其實只是誇飾，他還能忍？

雖然我當下很憤怒，但其實他的每一句話我也有認同之處，並不是指我承認他說的確有其事，而是他話語中所表達的感覺我也有，我們兩人確實觀念不合，對彼此也多有期待上的落差。冷靜下來、抽離情緒後，心裡那個理性的我，完全理解兩人的不合適並不是一兩天造成的，彼此都無法達成對方設下的標準，如果不好好坦然面對、互相坦承心裡的想法，這段關係繼續下去只會愈來愈糟。

結婚第三年，那是第一次我認真覺得，我們好像分開會比較好。

在老公的低姿態道歉中，我聽出他真的打算當這個突發事件是半夜鬼上身，那些抱怨都是胡言亂語，絕不是有意為之。也因為如此，我們並沒有趁著這個機會好好討論家事的分工、沒有真心聊開對彼此的想法，而是默默地讓這件事就此揭過。

幾天後，婆婆突然來了訊息，希望我挑個老公不在的時間跟她通電話。婆婆其實是個開明的長輩，不太擺架子，也不會特別要求媳婦對公婆盡應盡的孝道。只是，再開明的媽媽仍是老公的媽媽，她希望我們夫妻間的感情能更融洽，想要給我這個媳婦一些建議。

例如，雖然平常照顧小孩很忙碌，還是要盡可能找機會跟老公好好相處，睡覺前陪老公吃吃宵夜聊聊天，是個不錯的辦法；或是撥空安排兩人約會，重溫一下談戀愛的感覺；能幫老公做的家務事，就盡量做……聽著這些婚姻建言，我拿著手機，腦袋裡開始放空，這些建議都沒有錯，都是增進夫妻感情的好方法，只是知易行難，婆婆真的了解我們婚姻所面臨的困境嗎？

我身處的現實是，老公把我當成免費的打掃阿姨、煮飯阿姨、居家照顧保母，我一個人身兼三份全職工作，從白天做到黑夜，很累很辛苦，還累積了很多不爽。我忍不住在心中回嘴：親愛的婆婆，要求別人之前，是否該先要求自己的兒子當個稱職的好老公，稱職指的不是會上班賺錢就叫稱職，而是身為這個家的另一個主人，要和老婆共同負擔起該盡的責任義務，包括分擔家務及照顧小孩，不要認為娶了一個能像媽媽一樣照顧他生活起居的老婆後，就可以從妳的兒子變成我的兒子。

在他成為稱職的老公前，對不起，我真的沒力氣也沒意願再兼任稱職的全職老婆。

為什麼這人世間，總是婆婆要給媳婦建議，美其名是讓婚姻更美滿更順利，但其實是單方面要媳婦做得更多更好，最終目的是把她的兒子伺候得像大爺，日子過得舒服開心，好像只要兒子爽了，這個婚姻自然就好。反倒是從來沒聽過有丈母娘會給女婿建議，要女婿好好伺候老婆，工作、家務事請自己處理，別把老婆當成傭人使喚，似乎只要講了這番話，或多做什麼利於女方的叮嚀，女兒在婚姻中就會被婆家欺負，身為父母只好閉嘴。**結了婚，連女方的父母都自然而然地矮男方父母一截，會因為締結而矮化整個家族身分的，這世上也就只有荒謬的婚姻關係了。**

煩人的姻親關係

不只是長輩，另一半的手足若是特別愛指手畫腳，也是另一個壓力來源。

老公的妹妹因為也住在美國，所以每年固定會到哥哥家長住一陣子，在我們結婚之後也依舊維持這個習慣，只要心血來潮，想來就來，完全把哥哥家當成自家後花園。

結婚前，老公本來就是個不太規劃假期的人，放假也是待在家當阿宅打電動或看影片，隨時有人來訪自然不成問題。但結婚有小孩之後，每逢長假，我還是會希望全家人能出門走走，常規劃一些小旅遊，此時若有不請自來的座上賓，必須為此更動原本安排好的行程，便會讓人覺得很困擾。

仔細想想，婚後這個房子的使用權，不是應該屬於夫妻二人的嗎？如果有客人要來訪長住，正常（或禮貌上）來說應該要先徵得同意才行，但老公似乎沒有這個意識，他覺得妹妹是家人不是客人，所以只要她高興就好。

可能也是因為兄妹情深，彼此自詡是最了解對方的人，每次見面，小姑都會對我有諸多「提醒」。像是婚前我還得持觀光簽證入境美國時，才初次見面，她便希望我違法去找份工作來做，不要整天沒事待在家裡，意有所指地暗示我不要一直花她哥哥的錢。或是我煮了一桌菜，正要幫老公舀湯之際，她覺得哥哥會不喜歡那道湯，深怕這個初來乍到的女人破壞了哥哥的胃口，直接把手伸出來擋在老公面前說：「我哥不喝這種湯。」

有了小孩後她更變本加厲，某次來做客剛好遇上女兒生病，竟然大肆發表了許多非專業醫療意見，我委婉回絕之後，她直接對著我說：「妳都不聽我的，我家的小孩就這樣被妳惡搞。」

幾年下來，每次有這種一觸即發的爆炸場面時，為了沉著應對小姑沒禮貌的發言和舉動，我真的用盡畢生養成的好家教。看著總在一旁裝聾作啞的老公，我因為不想當面讓他為難，也不想替公婆製造煩惱，於是選擇不和小姑正面起衝突。我一邊用盡全力掐大腿忍住怒火，一邊大口深呼吸讓血壓降下來，心想著：我就忍這幾天，等嬌客離開，我們就能回歸正常生活。

我對小姑忍，對她哥哥可忍不了。每次受了小姑的悶氣之後，總會不高興地跟老公抱怨，希望聽到他的安慰或和我一起同仇敵愾指責妹妹的過分行徑，但我沒有一次收到預期中的回應。

老公每次聽完我的抱怨，總是一副我反應過度的樣子，說：「她就是那樣啊，她就小孩子嘛，不要跟她計較。」幾次下來，我對於老公的態度感到非常不快，他總是站在妹妹那一邊，不請她調整自己的態度就算了，甚至還會繼續轉告她的要求，希望我照做。

幾次溝通未果，覺得無奈又委屈的我開始這麼想：妹妹是你的家人，我何嘗不是？為什麼你的老婆多次被人用言語羞辱，跟你討拍，你卻只會護著別人，照著別人的意思做？難道在你心裡，只有原生家庭的家人才叫做家人，我，就是個外人？

如果妳有一個無法捍衛妳、也不會替妳出頭的老公，妳就得自己強悍起來。誰惹到妳，就先一巴掌還給他，小姑、大姑、婆婆甚至老公都適用，這樣一來，或許還能換得未來好幾年的安寧也不一定。（以上建議純屬虛構，如有雷同，純屬英雄所見略同。）

曾經的掌上明珠，如今的黃臉婆

在女兒快滿一歲的時候，我第一次帶小孩回到台灣。對於定居在國外的人來說，最高興的事莫過於返鄉見親友了，對我來說自然也是如此，而且回到娘家有人幫忙看顧小孩，對我這個平常只能獨力照顧小孩、沒有可靠後援的媽媽來說，更是件幸福快樂的事。

在美國認識了一些同樣從台灣移民過去的台灣媽媽，大家在跟老公、小孩一起回台灣時，都會遇到一個尷尬的情況：一家子該住誰家？依傳統的觀念看來，女生跟男生結婚，就是男方家的人，如果沒有自己買房子的話，就搬進男方家，跟男生的家人同住。

我們這種住在國外的，算是逃過一劫，平常既不用忍受跟公婆、大姑小姑、大伯、小叔同住，還因為天高皇帝遠，不用管彼此台灣家人發生的狗屁倒灶之事，影響家庭生活。然而，回台灣的時候就不同了，離別終有期，誰不希望把時間多留給自己的家人跟朋友，但常常因為傳統觀念的制約與束縛，女生通常還是遷就去住男生家裡，在不熟悉的生活空間裡跟不熟悉的家人相處，渾身都不自在。

我帶著女兒回台灣時也遇到了相同的狀況，因為老公要工作的關係，我自己先帶著女兒回台灣。由於只有我們兩個，想著住自己家裡再正常不過，但基於我肩負傳統婦女的美德，還是先請示了婆婆，說明因為照顧嬰兒要準備的東西很多，為了方便，我會住回我家。

婆婆在這件事上沒什麼堅持，倒是老公有先叮嚀我，等他也回到台灣的時候，就要搬到他家一起住，理由是，我們是一家人，到哪都要在一起。控制狂又來了，我心裡翻了個白眼這麼想，既然全家人要住在一起，為何不是你來住我家就好，我跟小孩的東西還不用搬呢。你想回家當小少爺被伺候，我也想在我家繼續當公主啊。但轉念一想，老公回台時間也就一週，咬牙忍忍就過了。

在自己家的日子，天天快樂似神仙。三餐有人張羅，不用當煮飯的黃臉婆，也不用處理家務，爸媽只會說水果切好了出來吃，吃完趕快多休息。當媽媽以來，我終於第一次卸下媽媽的身分，做回我自己，出門不用尿布奶嘴溼紙巾、不用屈就媽媽包、不用蓬頭垢面只想趕快回家休息。我終於可以化漂亮的妝、穿美麗的洋裝逛街買東西，可以去髮廊換個新髮型，可以約兩小時精油按摩，可以跟好久不見的朋友吃吃下午茶，聊聊嬰兒以外的話題。女兒在家讓親人看顧著，我難得可以安心地出門放鬆，不怕她沒人哄、少吃一餐，更不用擔心她有生命危險。

所有在美國無法做的事，回到台灣的家，都一次實現了。我這窒息已久的靈魂，彷彿像被做了CPR似的，終於又吸到大口氧氣，能夠重新呼吸了。

回台灣除了能享受暫時卸下媽媽身分、好好做自己的歡樂時光之外，還讓我久違地感受到被關心、被照顧的溫暖。無論是跟家人或朋友相約見面、吃飯、出遊，總是有人接送、有人安排行程、有人關切妳的近況，真心地問妳：一個人帶小孩，還好嗎？我回想起以前就是如此被身邊的人疼愛著，他們讓我感受到滿滿的愛，喚起了記憶中曾被如此在乎過的自己。

雖然結婚了，但是每每回到台灣，都覺得這裡才更像是我的家。慢慢的，回台灣的次數從頭兩年的一年一次，變成一年兩次，只要知道老公要回台灣出差，我就會拿阿公阿嬤想看孫女當理由，藉機回台灣探親，一待就是一兩個月，用盡我一切所能讓停留的時間拉長，每回道別總是戀戀不捨。

我曾經以為跟老公相識並相遇，搬到美國和他共組家庭，是我的幸福。原來，回到自己的家，被家人照顧疼愛著，才是真正的幸福。

關係健檢清單

婚姻除了同甘，更要懂得共苦，當關係出現狀況、生活產生摩擦，請留意是否存有以下迷思，過於苛待了自己：

□婚前分工男主外、女主內，儘管家務繁忙也盡量自己解決。

□照顧小孩的同時也努力照顧老公，再辛苦也要撐下去，婚姻才會美滿。

□婆婆給意見是好意，努力達成期望是好媳婦的美德。

□有衝突時溝通好令人疲累，對方有道歉就好，不要計較太多。

□返鄉探親應隨男方住在他家，不太適應也忍耐一下，畢竟家人就要住在一起。

第4章

壓垮婚姻的，都是點滴累積的小事

我和女兒的兩人世界

結婚不到半年就懷了女兒，全職媽媽成為我婚後唯一的工作。自從小孩出生後，我的生活就開始圍繞著她打轉，每天起床後，先幫女兒換尿布、換衣服、刷牙洗臉、弄早餐，一切就緒之後才開始料理自己。接下來，我會開車帶女兒出外採買、辦事、上嬰幼兒課程，由於老公不太想介入小孩的行程、也不想幫忙照顧小孩，所以絕大多數的時間裡，我和女兒世界裡只有彼此。

照顧小孩真的是全世界最累的一件事，但也不是全然只有辛苦，每當聞到香甜的嬰兒味、聽到咯咯的可愛笑聲、看到熟睡的天使臉龐，還是能讓媽媽暫時忘卻照顧小孩的疲累（只有暫時）。

經過長時間的相處，當小孩學會走路、開始學講話之時，這階段的媽媽，通常已經練就出只要透過小孩一個眼神、一個動作，就能知道他們想做什麼的通靈之術。孩子情緒來襲，用什麼方式安撫最快、最有效，也全在媽媽的掌握之中。當母親與孩子的感情已經發展到這個階段時，爸爸如果依然不想積極參與小孩的生活，很容易就成為家中的局外人。

幼兒最可愛的高峰期，大約是在兩歲半的時候。這時期的小孩剛從爬蟲類演化成會行走的小動物，小短腿走路東倒西歪，跑起來快摔倒的樣子可愛極了；同時也開始牙牙學語，講話含糊不清，卻整天有意見想表達。聽到那些「臭乳呆（口齒不清）」的童言童語，只要小孩長得不是太醜（個人意見），大人通常都會就地融化。但兩歲半的高峰期一過，可愛程度就一路往下跌，俗話說：「三歲小孩，連狗都嫌。」只要領悟過的家長，大家都明瞭。

女兒約莫兩歲，開始出現人類行為的時候，老公終於對這個上輩子的情人有點興趣了。但是對他來說，要和女兒親近大概就像看到疊了一百層的疊疊樂，不知道該如何下手，既不知道怎麼照顧她的起居，也不知道如何安撫她的情緒。偶爾我有事外出，讓他在家跟女兒獨處，回家後看到的不是小孩飯沒吃、尿布裡的屎都乾了還沒換，就是女兒哭腫雙眼喊著要找媽媽。

老公顧小孩時，最常對我說的話是：「她就是要找妳啊。」「我就不會，妳要幫我啊。」我不懂的是，你既不想花時間好好跟女兒培養感情，又不想耐著性子理解她的動作表情，遇到困難也不想花力氣自己嘗試解決，你怎麼有辦法自己學會如何和女兒相處？她又怎麼會想跟你親近？

有些男人都屬於這一派，養成一種只要躺在床上什麼都不做，甚至連動都不用動就能得到高潮的壞習慣，誤以為其他事情也能這樣不勞而獲。親子關係可不是這樣，孩子的反應最是直接，你花多少時間在他們身上，他們就會用多少的愛來回應你，親密感不是一蹴可幾，需要用時間跟經驗來累積，更不會因為「你是爸爸」，孩子就會理所當然跟你親。這麼簡單的道理，不知道老公到底是太懶還是太笨，一直參透不了。

有一回，我們全家和朋友一起出遊，老公想要抱女兒的時候，她大喊：「我不要爸爸！」接著奔向媽媽。這個幾乎每天在生活上演的劇情我已經再習慣不過了，便順勢把女兒抱起來。跟往常不同的是，老公靠了過來，低聲對我說：「女兒這樣喊不要爸爸，這不是讓我在大家面前很丟臉嗎？」聽到這種質問，我也只能嘆一口氣沉默以對，心想：所以你是希望我強壓著女兒讓你擁入懷，上演女兒沒有你就活不下去，父女眼中只有彼此的戲碼，只為了在大家面前顧全你的面子嗎？我還真做不到，也不想做，學生都知道考試想考得好要先念書了，若那麼在意你身為父親的形象，平時就要多練習啊（菸）。

只和小孩相處，我更愉快

在女兒身上得不到被需要的成就感，也沒辦法搞清楚她的行為及情緒，老公索性不努力了，只想繼續當一個偶爾陪玩的角色。他可能覺得，反正他有賺錢供小孩使用，這樣似乎很足夠了。於是，偽單親媽媽的生活就此定型：女兒的生活起居由我照顧、三餐由我張羅、休閒活動由我安排、才藝課由我接送陪上、玩伴由我邀約促成、情緒由我處理面對、生病看診也一律由媽媽陪伴。

女兒成長的頭兩年，我覺得自己好孤單，關於小孩的事都要自己處理，平日如此，週末如此，連難得的全家出遊都是由我一手規劃，從打包行李、開車、找景點到訂餐廳，晚上回飯店還得照料女兒吃飯、洗澡、陪睡覺。明明身邊就有一個人，但是他卻幫不上我的忙，我發現不是老公帶著我們出門，也不是我跟老公一起帶著女兒出門，我是一個人，帶著女兒，也帶著老公出門。剛開始還會埋怨，後來便慢慢習慣了，不知不覺中，我接受這就是這個家庭的現況，我再也不覺得孤單，因為我明瞭，身邊有沒有這個人都一樣，我必須靠自己做到一切。

某個週末，我們全家一起到市區遊玩，行程結束後驅車回家的路程上，正在開車的我，趁隙看了一眼後照鏡。在鏡中，汽車座椅裡的女兒睡得好香甜，這麼美的畫面讓我嘴角不禁上揚了起來，媽媽的幸福感就是這麼容易萌生。這時，餘光瞄到旁邊靠著座椅呼呼大睡的老公，溫馨感瞬間消失，取而代之的是一股厭煩感。老娘我陪玩了大半天，不但沒得休息，現在還在開車，這個人到底憑什麼給我睡成這樣，他真的以為自己是我的大兒子，跟著妹妹一起出門玩嗎？實在是很沒用耶！

鏡中的兩張臉，讓我有著兩種截然不同的心情。

不知道從哪一次開始，我開始覺得跟著我和女兒出門的老公好累贅，不管是跟朋友相約出遊、露營或是簡單的週末行程，我只想帶女兒一個人出門就好。只顧一個小孩不但比較容易，心情上也輕鬆很多，既然這個男人在行為上沒有任何實質的貢獻，也不是個賞心悅目的角色，他的存在對我來說變得好多餘。於是，再有朋友相約出遊，我便會找藉口只帶女兒一個人去，沒有他的參與，我更輕鬆、更自在、更愉快。

再生一個小孩，老公就會成為爸爸嗎？

女兒出生之後，我變成了媽媽，但不知怎麼的，老公並沒有一起進化成爸爸，反而變成了我的兒子。這個家裡沒有爸爸，只有媽媽與兩個孩子，一個討喜，一個不討喜。

有時候會想，是不是因為只有生一個小孩，當我把「家長」要做的事情一手包辦的時候，老公會覺得反正小孩已經有人照顧，他不需要再扮演另一個照顧者的角色，於是呈現一種沒點到我幹嘛舉手的放鬆狀態。

那如果，這個家裡出現另一個需要照顧的嬰兒呢？如果生了第二胎，媽媽我實在無暇照顧兩個幼兒，這時候的老公，會被迫介入親子關係中，成為他原來就該成為的爸爸，擔任起另一個照顧者的角色嗎？而且那時候女兒已經至少兩三歲，雖然不熟，但是天天看年年看，也算是有點認識了吧，老公會不會就此接手照顧老大的責任？我心裡不停地這麼幻想著。

生完第一胎後，公婆常常有意無意地問什麼時候有生下一胎的打算，甚至會故意在我的面前問女兒：「媽咪什麼時候要再生一個弟弟啊？」（哈囉？我本人就在這裡，怎麼不直接看著我的雙眼問我呢？）對他們來說，身為媳婦，我的使命就是要生出他們家的金孫，必須要生出一個「兒子」，才對得起他家的列祖列宗。

這裡先不討論世間的公婆以為把自己兒子的雞雞交出去，媳婦就理應要生出小雞雞這件事有多無理，我自己心中也的確有著想要再生一個小孩的想法，因為自己從小就有一個姊姊，覺得成長過程裡有手足的陪伴，是件很棒的事。

但是，在育兒地獄待了兩年，我真的有辦法再承受一個小孩嗎？老公真的會如我幻想的，只要家裡多一個小孩，他就會自動產生當爸爸的覺悟嗎？這一切都是未知數。更何況，孩子是要兩個人一起生，我又不是蚯蚓，要怎麼無性生殖？

除此之外，還有心情的問題。從懷孕開始，因為沒有從老公身上得到對孕婦與妻子該有的關心與照顧，老是看他不順眼，而我自己都不爽了，為什麼還要讓你爽？性事上自然沒有懷孕之前來得熱絡；加上歷經下體爆炸後的傷口復原期，以及每天累到虛脫的新手媽媽日子，看到身邊這個什麼忙都不幫的老公，身體再也沒有慾火，只剩怒火。

對老公愈來愈沒有慾望的我，逐漸走向吃齋唸佛的日子；而從女兒出生後就搬離主臥房的老公，也非常懂得享受每個獨處的夜晚，就這樣，我們逐漸成為在自己房間裡各自與玩具為伍的夫妻。

勉強不來的親密關係

「你爸媽一直叫我們再生耶，你想嗎？」某天，我這樣問老公。

「可以啊。」他不加思索地回答。

「欸？是這樣嗎？但要做耶，我們很久沒做了耶。」

「嗯，那就找時間做啊。」

哇，真是性愛來得太突然。得到老公如此隨興又正面的回答之後，我下定決心：好，老娘要來嘗試生第二胎了！就算生出來以後，兩個小孩都要我一個人顧，反正大的已經快三歲了，再累就是這幾年，我跟他拚了！暗自下了這個重大決定之後，我的卵子都興奮了起來。

不過這裡要澄清一下，我只是想生小孩，不是想跟老公做愛，雖然動作類似，但在心理層面上完全是不同層次。

既然是以生小孩為目的，尤其是我們這把年紀了，凡事一定要「精打細算」。首先，女生一個月只排一顆卵，一顆卵只活二十四小時，要讓它受精沒有想像中容易，一定要秉持著彈無虛發的最高指導原則進行。再來，我白天帶小孩已經很累了，真的沒有力氣每天晚上還要多幹一次體力活兒，更何況還要扯著嗓假叫呢。

具有科學實驗精神的我，馬上備妥三個月的排卵試紙，每天起床認真地對著試紙尿尿，一定要緊緊抓住每個月難能可貴的那一天。終於，尿了幾天後，試紙驗出今天是排卵日，一邊感嘆科學的神奇之餘，更在心中燃起鬥志，今晚就看我的！

到了晚上，等女兒睡熟，我輕聲地走到老公房間，把燈調暗，暗示他要開始了。畢竟很久沒做，對彼此的身體都有點生疏，先從接吻開始，嗯，果然有一種陌生的觸感，醞釀幾分鐘後，找回了一些感覺，接著開始脫衣服，我心想都到這個階段了，應該可以順勢進入正題吧，我的卵子從早上九點到現在已經多等了十二個小時，它快等不及了，此時我把手往下伸，想直接切入重點。

「咦？等一下，這根軟趴趴的東西是什麼？」

以為經過了前面十幾分鐘的課程複習，我會摸到一隻精神抖擻，準備好隨時要發射的上膛手槍，結果怎麼是一坨軟軟的夜市雞蛋糕手槍。我的腦中忍不住浮想聯翩：咦？以前不會這樣耶，是因為太久沒做，他忘記怎麼站起來嗎？還是剛剛那些親吻跟撫摸都不夠？老娘久違的裸體也不夠嗎？是我現在太胖了嗎？但是奶變大了耶……老公已經對我沒興趣了嗎？

「今天要算了嗎？」老公這時問我。

算了？當然不行！怎麼可以這麼容易就放棄？錯過今天，我的卵子就要化成月經流出我的身體，我一定要把握這次久違的機會。不肯放棄的我，並沒有要附議老公的意思，立刻決定手口並用，使出鑽木取火的看家本領，我就不相信有我生不了的火！

經過幾分鐘汗如雨下的埋頭苦幹，我們最終還是完成了任務。結束後，老公滿意地對我說：「真的好久沒做了，我們應該要更常做一點。」聽到他這樣說我馬上在心裡翻了一下白眼，如果不是因為想生第二胎，我真的懶得跟你做，更何況為了要讓你硬邦邦，我得要花多大的力氣啊！對我來說，我們兩人之間做的不是愛，只是小孩。

然而事與願違，不僅這次沒有順利懷孕，下一個月和下下個月，也是一樣。

連續幾個月後，我對於這種勉強的性愛，漸漸覺得累了；以取精為目的的性愛也讓老公倍感壓力，每次都要費一番力氣才能立正站好。於是，本來就沒那麼堅持要生第二個小孩的我和他，決定放棄嘗試，也連帶把本來就屈指可數的親密關係，一併放棄了。

如果沒有了愛，就只剩下忍耐

對於一個成年人來說，三十歲應該已完成學業，也累積了幾年的工作經驗，也談了幾次戀愛，大多數人也早已形塑了屬於自己的行為模式、思考邏輯，也認清什麼是自己喜歡的生活方式。

三十歲的時候，我很喜歡自己，喜歡我的個性、喜歡我的氣質、喜歡我身邊的朋友，也喜歡自己待人處事的方式，我喜歡從各種生活經驗堆疊起來的我，從沒想過因為結婚，必須被迫改變。

「個性互補」這四個字，乍聽之下好像很完美，兩個人一靜一動、一內一外、一冷一熱，就像兩塊拼圖，拼起來才算完整，當時介紹我和老公認識的朋友也是這麼想的，才覺得我們一定很合適。**但婚姻需要的不是完整，是兩個人縱使有許多的不同，卻仍可以互相接受、互相欣賞、互相包容。相處上雖然有需要磨合的地方，但依然能夠好好溝通、彼此體諒。**

老公雖然在自由開放的美國生活多年，但因為家庭環境的影響，以及天生個性使然，骨子裡活脫脫就是個大男人主義的控制狂。除了比重不均的家事分工，更因為他對於妻子不切實際的幻想，會毫無道理地限制我許多事，例如：穿衣服要經過他的審核、他打電話來不能漏接、出門手上一定要戴婚戒、不能和男性友人聯絡、會有肢體接觸的專業人士（醫生、按摩師）不能是男性、回台灣天天要視訊、出門要報備徵得他同意……雖然這些規定並沒有明文條列在結婚證書上（如果有的話這個婚誰要結），但他認為自己列出的要求，都是妻子必須遵守的規範。

對老公來說，結婚以後老婆就是他的「所有物」，理所當然專屬於他一個人，他如果是太陽，我就得當向日葵，要永遠只向著他，好好聽他的話，做他喜歡的事。我明明簽的就是結婚證書，他卻認為我簽的是賣身契。

有次連假，同在美國的同學夫婦從外州來找我玩，順便認識老公及看看女兒，朋友之間難得見面，身為地主，當然要帶他們到附近的風景名勝多走多看。有一天帶朋友觀光結束回家後，老公不悅地表示，在路上逛街時，我有些時候是跟朋友三個人並肩走在一起聊天，他覺得自己被忽略了，那樣是不對的，我應該要走在他的身旁，讓朋友自己逛自己的才對。

又有一次，我帶老公跟一群朋友出遊，只因為我回到民宿後在客廳跟朋友聊了幾句才進房間找他，他便開始不高興，當晚也是以吵架收尾，這種狀況不勝枚舉。

在他的觀念裡，老婆是他的，不可以讓別人碰、不能跟別人多說一句話，什麼都得照著他喜歡的方式做，如果不合他的意，他就用負面情緒對我發動攻擊。我真的覺得他地雷好多、好愛生氣，我做什麼都不對，這個不喜歡我要改，那個不滿意我又要調整，只要他覺得現況不符合他喜歡的樣子，改變的責任都落在我頭上。

要遵守這麼多不符合我本性的規定好累，這根本就不是我。剛結婚的時候，為了不讓老公不高興，也不想破壞婚姻的和諧，我還是盡力做到。然而，可能因為我太努力了，老公覺得我是個受教的老婆，隨著結婚時間愈久，經歷愈多事件，這些規定一條一條不斷地往上增加。

我不是民國初年的傳統婦女，更不是清朝只侍奉皇上一個人的妃子，我是一個受過高等教育、能獨立思考、有自己喜好的成熟女性，為什麼要忍氣吞聲，被當成禁臠一樣對待？我後來回過頭思考，可能也是在熱戀期時腦子進水，自己開了先例，造成後面他愈發上癮，場面一發不可收拾。

因為我愛你這個男人，所以選擇跟你結婚，成為你的妻子，一起經營屬於我們的未來。因為我愛你，我願意因為你的喜好改變我的行為，符合你喜歡的樣子。我可以因為愛你，甘願為這個家付出，獨自照料孩子也咬著牙撐住。因為我愛你，縱使我覺得你提出的要求有再多不合理，我還是願意忍受。

這一切，都只因為我愛你。

可是，當那份愛已經消磨殆盡，原來的願意，都成了心不甘情不願。

由腦內啡及多巴胺分泌過剩而產生的愛情，出現容易，消磨也容易。結婚也才兩三年，這份愛，因為我們的家事分工而消磨掉了，因為照顧孩子而消磨掉了，因為身心俱疲而消磨掉了，因為委曲求全而消磨掉了，因為被要求一再改變而消磨掉了。

如果沒有了愛，我又是為何而忍？只是為了一個表面和平、一個沒有衝突的婚姻嗎？我想不起來我為什麼愛他，我覺得自己身上也沒有他真正喜歡的地方。這不是我想要的婚姻，卻又不知道該怎麼辦，只好繼續忍下去。

婚內失戀，消磨的是彼此

很多人這輩子尋尋覓覓，終於找到心目中那個對的人，和他結了婚，以為就此有了歸屬感。但是結婚久了，生活雜事愈來愈多，伴隨著小孩出生、成長，夫妻能好好說話的時間愈來愈少，能分享的心情也愈來愈少，雖然住在同個屋簷下，心卻愈來愈遠，反而再也沒有戀愛的感覺。明明身邊有個伴，但是卻比單身的時候還感到孤單，有名的精神科醫師鄧惠文，把這種現象稱之為「婚內失戀」。

第一次看到這個詞的時候，我覺得被擊中了心臟。對！就是這種感覺，在這段婚姻裡，隨著時間愈久，我愈發只能感受到孤單和寂寞，沒有關心、沒有照顧、沒有期待、沒有未來。原來，我失戀了。

愛情來得快，去得更快。婚前對美好生活的所有幻想，很快就會被進門亂丟的襪子、喝完亂擺的水杯、用完不補的廁所衛生紙、尿漬亂噴的馬桶坐墊給狠狠打破。**愛情最大的力量是「寬容」，一旦沒了愛，所有的生活小事，在彼此眼裡看起來都是麻煩事。**

愛情，是怎麼消失的呢？從你開始覺得一切是應該，而我覺得一切是負擔；從我想要你幫忙，卻找不到伸出來的那隻手；從我想要有時間喘息，卻找不到對你來說合適的理由；從我想要訴說，你卻板著臉叫我自己好好改進，從這些停止分享、停止對話、停止溝通的時刻，愛情一點一滴地消失殆盡。

漸漸的，需要幫忙時，我不會求你；需要安慰時，我不會找你；需要訴苦時，我不會問你；需要依靠時，我想不到你。連出門看醫生，表格上的緊急聯絡人我都不想填你。不管好事還是壞事，為了不想像對著空氣說話一樣被忽略、不想一如既往得不到我期望的回應、不想又為了莫名的事接受指責，我再也不想跟你分享了。

在婚姻裡，我徹底失戀。我沒有戀人，我只有我自己。

隱形的結界

和老公相處的時候，一直都讓我覺得很有壓力。我原以為這沒什麼，就只是兩個人觀念不同，但沒想到那些壓力開始讓我變得不像自己，我的行為與價值觀逐漸扭曲，那些懼怕被控制的感覺，甚至讓我對交往關係產生反感，我才知道，原來有一種暴力，叫做「精神暴力」。

每天生活在一起的老公，應該是讓我相處起來最安心的伴侶，但因為他內建的不安全感，和他結婚以來，我有很多從沒想過的規定必須要遵守。因為他的善妒與占有欲，只要是和異性扯上邊的大小事，在他面前都成為了禁忌話題。因為他的大男人主義作祟，我身為他的老婆，就得要依照他的期待，活成小女人的樣子。愈是和老公長時間的相處，我愈感窒息，我成為在他圍出的框架下生活的女子，為了不讓他情緒不佳、為了不起衝突地過日子，我在安全範圍內說話行事，周遭彷彿有一圈圈隱形的結界束縛了我。

老公的結界讓我在很多事情上都倍感壓力，例如，老公要求只要是他打電話來，我就得馬上接，所以只要看到他的未接來電，我就會覺得自己完蛋了、做錯事了，緊張得心跳加速趕快回撥，解釋剛剛沒接到電話的理由。因為老公不喜歡我在外面露出手臂的肌膚，曾經我穿了不符合氣溫的衣服出門，熱到腋下狂冒汗，想把長袖脫掉只穿內搭的背心，也得用卑微的語氣先徵求他的同意。

因為他不希望我和其他男性有接觸的機會，婚後我盡量讓生活中沒有任何異性出現，這個症頭曾經嚴重到我覺得他可能分不清A片與現實的差別，在他心中，所有的男性，不管是朋友、同事、店員、醫師等等……只要跟他老婆有任何交集，最後結局都會是上床（黑人問號）。

生活中，除了必要的事情之外，我不想，也不敢和他分享任何周遭發生的事，多一事不如少一事，深怕他從蛛絲馬跡中，找到責難我的理由。我也盡量不讓他出現在我和朋友相處的現場，因為我不知道哪些話題他聽了會不高興，也不知道是否無心的小動作會讓他覺得我罪孽深重。

這些如履薄冰的心情，一點一滴侵蝕著我，只要我不小心做了覺得超過安全範圍的事、說了太開玩笑的話，我會第一時間確認他的表情，只要看出他在不高興，我就覺得做了對不起他的事，馬上認錯。這個流程已經在我心裡內化成一種反射動作，就像常被毆打的女人，看到施暴者手一舉起來，就會下意識先閃躲。這種扭曲的日常互動，不斷荼毒著我的心靈，更讓我誤以為這種上對下的夫妻相處方式，才是正確的婚姻關係。

後來情況逐漸惡化，只要在出門前看到老公打量我的穿著和左手無名指，我從容忍、無奈，變成厭煩、噁心。面對他詢問我今天在外面做了什麼、跟誰出去、為什麼沒有傳訊息跟他分享，我會敷衍地傳一張跟朋友的合照，讓他知道我沒犯規。凡是遇到會產生衝突的事情，我選擇默不作聲或是直接道歉，我不再傾訴自己的想法，我也不再企圖說服他這些要求並不合理，太多太多的經驗告訴我，只要他不高興，因為他是丈夫，我是妻子，我就是得配合、就是得道歉。

痛苦是慢慢累積的，負面情緒也是。當你真心不喜歡某些人、事、物的時候，就算嘴巴上說好，身體還是會很老實地告訴你：你很不好。

這裡不是家，是我想逃離的地方

變質的關係，都是有跡可循的。

多年壓抑的心情，累積的不開心，讓我在心裡畫出一條界線。界線內，是有老公在的地方，是我需要好好聽話、隱藏自己的地方。一旦離開老公的視線，就是界線之外，是我能自由自在、盡情做自己的時刻，我可以穿我想穿的衣服，用我舒服的方式說話，和我喜歡的朋友聯繫，做我想做的事。

從某一天開始，早上只要聽到車庫門開啟的聲音，代表老公出門上班去，我就會開心地從床上爬起來，準備我和女兒的早餐，迎接屬於我們倆的母女時光。等到傍晚再次聽到車庫門開啟，老公踏進家門的那一刻，我的心就會往下沉，白天的輕鬆感頓時消失。有時候載著女兒稍晚一點回家，遠遠看到房子燈火通明，正常人一定覺得家裡有人在等著我，心裡倍感溫暖，但是我一點都沒有那種感覺，只覺得好不想進屋，好想逃離。

離開家，在外人面前，我還是一如既往地喜歡交際、開朗、健談、有朝氣。然而只要一回到有老公存在的空間裡，我就像洩了氣的皮球，了無生氣。我會做家務、我會顧小孩、我會報告行蹤、我會遵守老公給我的各項規範，把身為妻子該做的事都做好，但我再也不想和他交談，不想跟他分享我的心情，不想讓他知道我的喜怒哀樂，我只想靜待下一次帶女兒回台灣的時候到來，回到那個我可以身心靈都好好放鬆的家，回到那個只屬於我，沒有老公，象徵著自由的時區。

每次回台灣我都抱著期待又興奮的心情，像度假一樣過得無比開心；但隨著要回美國的日期漸漸逼近，我的心情就愈焦慮、愈鬱悶，當兵收假可能也是類似的心情吧。我不想離開能讓我感受到愛的家人，我不想離開關心我的好朋友們，我不想離開這個因為有時差，多半時間都可以完全不用報備、不用怕被抽查行程的時區，我一點都不想回到那個沒有溫度、處處都得小心謹慎的家，我不想回去那個有老公存在的地方。

當婚姻邁入第五年，老公終於意識到我們之間再也不復以往，也覺得老婆似乎對他愈來愈冷淡，然而就算事已至此，他依然用自己一貫的解決方式試圖改變現狀：要求我調整自己。

他覺得我們之間的親密互動太少，我應該要主動一點，多和他擁抱、親吻；他覺得我們聊天的時間不夠多，所以要求我每天晚上哄完孩子睡著後，要再從被窩起來，到客廳陪他說話一陣子，才能進房睡覺；他覺得小孩開始大了，晚上應該要離開媽媽，把主臥室還給爸爸，所以要我去訓練女兒開始在自己房間睡覺。我聽到的解決方式都是我、我、我，我應該要做這個、我應該要做那個，我還在想到底還要我做多少事的時候，老公下了結論：「不然我們的婚姻怎麼再繼續三十年？」

天哪！三十年？你在開玩笑嗎？這段婚姻有沒有辦法再持續三年我都懷疑了，怎麼可能再三十年，我才不要這樣繼續三十年，我也不想再跟你生活三十年！我彷彿像被電擊般，全身細胞都緊繃了起來，比當年單身時聽到「三十歲」還要更讓人驚嚇。於是，我在心中問了自己這個問題：「妳，有辦法想像自己老了的時候，身邊是這個人，過的是這樣的日子嗎？」聽到自己的問題，我忍不住打了一個冷顫，心中的答案不言自明。

對我來說，老公的身邊再也不是我的歸屬，是我想逃離的地方。

關係健檢清單

不對等的關係，相處到最後只會變成壓力，只要出現以下情形，都有可能是關係變質的警訊：

□因為愛所以改變，因為愛所以忍耐，即使另一半的要求令人不快也默默忍受。

□反射性地確認另一半的反應，深怕做錯事情引起對方的負面情緒。

□無論是好事還是壞事，愈來愈不想與對方分享。

□只要對方不開心，身體與情緒馬上緊繃、焦躁不安。

□一想到要天長地久地走下去，就覺得倍感負擔。

第 5 章

我，想和你離婚

身心俱疲，遞出與夫訣別書

某一個夜晚，從朋友家聚會結束回到家後，老公說他有事要跟我講，沒想到又是想跟我開白天的檢討大會，他大聲抱怨：「妳在朋友家看起來都很開心耶，為什麼妳和朋友聊的趣事我都沒聽過？我是妳的老公，妳什麼事應該都要先跟我分享才對。」這些話，我已經聽到耳朵長繭，心裡也總是默默回嘴，因為我不想費力處理任何情緒或是有可能引起的衝突，早就學會自己消化吸收。

然而，這一次不知怎麼地，我的身體再也吸收不了，就像喝酒喝到某個程度，妳會摀著嘴，直接奔向馬桶、衝向電線杆，或是用最快的速度抓塑膠袋來，把胃裡那些讓妳作嘔的東西吐出來。那是一種無法控制的身體本能，妳的身體在告訴自己，妳已經受夠了，再也承受不了外來的任何一點刺激。當時提出離婚的我，也是這樣。

「我不想跟你分享是因為我就是不想，跟你在一起我很痛苦，我想要跟你離婚。」聽到自己聲音的時候，才意識到我把想離婚這件事「嘔～」地吐出口了。

在腦海裡排練過不下幾百次的場景，竟然就這樣突然發生了。天哪！我說出口了，忍耐好久的我，終於說出口了！雖然自己都還在驚嚇，但心裡竟生出一絲興奮的感覺，好想盡情對全世界大喊：「我辦到了，我終於辦到了！」

想離婚的念頭，大概是從結婚第三或第四年萌生的，也就是從那時開始認清我和老公其實完全不合適，雙方觀念的差異更讓我明白，這個婚姻是不可能走到盡頭的。婚姻後期，我們之間愈來愈不交談、愈來愈冷淡、愈來愈陌生，連兩人難得的獨處時光，空氣中都充滿了尷尬。

因為知道老公是在每段談話裡只聽得到第一句話的男人，一直以來我們也存在許多各式各樣溝通不良的問題，所以，在下定決心要離婚的時候，我開始撰擬要給他的「與夫訣別書」，裡面詳記了我們是多不適合的兩個人，在一起遇到了哪些困難，不怪罪、不抱怨，只點出因為個性的天差地遠，這場婚姻不僅讓我痛苦，更讓我完全失去自己，他一定也同樣不好受。我列出所有能想到的種種差異，無非是希望在婚姻的最後，就這一次，最後一次，能誠實、完整地讓他明瞭我心裡的感受。

果不其然，老公在聽到「離婚」二字的當下，立刻石化。他呆坐著，就像當機的電腦，我看著他想說話但又說不出口的樣子，我想這時候解釋再多，他應該也聽不進去，我們也不可能有良好的對話。養兵千日用在一時，那封存在手機裡多時，也修改增減無數次的「與夫訣別書」，終於派上用場了。

「現在已經很晚了，我剛寄了一封信給你，我把想離婚的原因都寫了下來，你先回房去看，我們明天再聊吧。」我一邊寄出醞釀已久的信，一邊把賴在我房裡欲言又止的老公請出門。一次有那麼多訊息需要消化，對他來說，一定是個輾轉難眠的夜晚。

表面上看似冷靜的我，在老公踏出房門的下一秒，立刻把門輕輕關上，耳朵貼著房門確認他已經回到房間，接著大膽做出一直以來被禁止的行為：把我的房門上鎖，並且立即搬了椅子擋在門前。我前一刻還在興奮自己終於一吐為快，覺得處理得很成熟，其實內心超怕老公在房內讀完信之後抓狂，拿菜刀操傢伙衝進來房間砍人，想與我玉石俱焚。我不知道他會不會有這種反應，但我無法排除這種可能性，身為媽媽，我需要保護女兒，以及我自己。

這晚，我的心情複雜到難以言喻，在房裡既雀躍又擔憂、睡不著的我，不知道還有沒有明天（不是啦），無法預測明天起床後，老公的回應是什麼，但至少，我做到了。這麼多年來的隱忍、委屈、孤單、傷心，還有種種不合理的限制，都將在今晚畫上句點。

離婚是留給準備好的人

結婚需要的是衝動，離婚需要的是深思熟慮。每對結婚的夫妻，一定都曾有過想離婚的念頭，如果你身邊結婚的朋友跟你說沒有，那他一定是在說謊。有念頭不代表會付諸實現，**夫妻相處中的每一個小事件，有時會讓關係往「離婚」靠近一**

些，有時候會往「還好有你」貼近一點，那些走到最後的婚姻，都是在每個碎小的生活片段裡來回拉扯。

如果你想離婚的念頭愈來愈深，不管最後是不是真的要離，這三件事你都一定要先做：

一、法律是保護懂法律的人

從小就喜歡看八點檔的我，所有稀薄的法律知識都是從電視上學來的。戲裡只要出現像我這種結了婚以後，在家當家庭主婦及全職媽媽的女人，如果提出想離婚，老公就會把我推倒在地說：「好啊！妳要離婚，妳就給我走啊，我什麼都不會給妳，妳走了就不要回來！」我只能包袱款款，身無分文地離開住了好幾年的房子，在遠遠的地方遙望著孩子默默流淚……

我深怕現實人生會變得像鄉土劇一樣悽慘，因為我不是這個家的經濟來源，錢不是我賺的不歸我，沒錢養小孩，孩子也不會歸我，離婚以後，我就什麼都沒了。

誠如看太多童話故事就以為結婚等於幸福快樂的日子一樣，這些灑狗血的八點檔同樣給人很多錯誤的法律觀念。我們總是擔憂許多未知的事物，但與其自己杞人憂天，不如尋求專業的幫助。

因為我在美國結婚，大部分的時間也是居住在美國，所以離婚必須要在美國提出，用美國的法律處理。但是誰知道在美國要怎麼離婚？身邊也沒有什麼經驗老到的朋友，我決定先找律師諮詢，解開我心中的種種疑惑。

美國電影裡常提到，沒有錢是請不起律師的，因為律師收費非常高，這是真的。律師是以小時計費，一小時從兩百多美元起跳，五百、七百、上千都有可能，所以當你跟律師約了時間要面談，千萬不要閒聊，一定要把你能想到的所有問題都條列出來問清楚，我記得自己和律師談話的每一分鐘，耳朵深處彷彿都能隱約聽到錢在噹啷噹啷掉落的聲音，務必要把握珍貴的諮詢時間。

「離婚申請的流程是什麼？」「辦離婚需要多久？」「一定要到法院打官司嗎？」「錢都是老公上班賺的，我是不是離婚就沒有錢可以拿？」「因為我沒有收入，小孩是不是不能跟我？」「如果離婚後我想帶小孩回台灣居住，可能嗎？」「小孩本來就都是我一個人在照顧，我直接把她帶回台灣，不告知爸爸，合法嗎？」在我第一次跟律師詳談完之後，上面這些問題都得到了解答，心中原本許多因為未知而產生的恐懼也煙消雲散。原來，許多全職媽媽的權利義務，都是有法律在保護著的。

台灣的法律跟美國的法律不盡相同，但還是有許多部分是雷同的。像是「婚後財產共有制」，以及法官判定監護權的時候會以「年幼從母」為原則。簡而言之，如果妳提離婚或是被提了離婚，垃圾老公嗆聲：「妳沒賺錢，所以錢和孩子都別想拿走！」這時妳可以大聲地嗆回去：「從老娘跟你結婚的那一天開始，這個家的收入就是一人一半啦！小孩從出生都是我在顧，監護權就是會給我啦！不信你去問律師，少囉嗦！」有時候，惡劣的另一半，其實比你還不懂法律。

律師在離婚這條艱苦的道路上扮演的角色太重要了，當你想脫離豬隊友重獲新生，身旁沒有任何人能幫助你的時候，律師就是你唯一的浮木。你們要互助互信、攜手合作一起走向離婚的終點，所以挑選一個專業、有經驗、負責任、能迅速給出好建議的律師非、常、重、要！

和律師諮詢過後，並不一定要委任你諮詢的律師，可以多方比較。就像知道離婚相關的法律知識之後，你不必急著馬上離婚，而是可以聽從律師給的建議，再多權衡這個婚姻是不是非離不可，順便做好準備。所謂的準備，是心理準備，還有經濟上的準備。

二、女人一定要有錢

不用工作賺錢就有錢花，是每個人的夢想。很多傻女孩就是掉進了這個圈套，當男生說「嫁給我，我養妳」的時候，覺得中了頭彩，開心到暈頭轉向，想像中的蝶群漫天飛舞，以為就此找到一個長期飯票，這輩子要過著貴婦般的生活了。殊不知老公根本賺不到多少錢，還不讓妳出去工作，就算有十八般武藝在身，也只能在家當黃臉婆，伺候老公、伺候小孩、伺候公婆，當一個活生生的「跪」婦。

在家庭裡，太太常常因為不是經濟來源，就失去了話語權。錢是老公賺的，要用錢的時候就得低聲下氣跟老公伸手；自己想買點好東西，也得徵求老公的同意；要是娘家有事用錢孔急，因為自己沒賺錢，也不好意思跟老公開口。明明錢都是拿來買菜、繳學費、支付家裡的開銷，卻還會被老公碎唸：「怎麼花錢花那麼兇，不知道賺錢很辛苦嗎？」老娘在家當煮飯婆、當保母、當打掃阿姨伺候你全家就不辛苦嗎？跟你上床我也沒收錢啊！沒賺錢不代表沒有付出，可惜很多男人都不知道這個道理。所以，女人啊，想要講話有分量，妳一定要有自己的錢，而且愈多愈好。

「但是，我是家庭主婦，我要怎麼賺錢？」首先，我得語重心長地說，千萬不能以家庭主婦為職業啊。家庭主婦能成為畢生職業的前提，是這個婚姻會維持長長久久，但是在每年有至少五萬對夫妻離婚的今日，這個前提已經很難達成了。**女人就算結婚，還是要繼續發展事業，保有工作能力和工作機會，持續跟外界接軌，才不會成為家中的弱勢。**

家庭主婦是一個很邪門的工作，只要稍微不留意，就會把自己變成歐巴桑身材的黃臉婆，整天腦袋裡只注意小孩與老公的行程，今天要記得去哪裡辦事、要去搶哪個超市的特價品，每天的生活都被這些瑣事團團包圍。幾年下來，不但身材變得又腫又邋遢（可怕的是自己還覺得這樣很好），更不知道外面的世界發生什麼事，也不知道流行的東西是什麼，等小孩稍微大一點了想回職場，卻驚覺根本不知道自己能做些什麼。（我的天哪，會變成這樣怎麼都沒有人跟我說!?）

如果你現在在考慮離婚，有自己的經濟能力就更重要了。離婚後，馬上面臨的就是要負擔自己的生活，租房子要錢、生活花費要錢、小孩上學要錢，而且如果你遇到的是刁鑽的另一半，不肯好好談離婚，請律師也是需要一筆錢。

老話一句，錢不是萬能，但沒有錢卻萬萬不能。

所以，女孩們，從現在開始，只要妳有收入就開始存錢。即將結婚的小姐們，長輩給妳的紅包統統都要收起來，爸爸偷塞給妳的錢也全都存好存滿，不要傻傻地什麼都跟老公分享，只要跟他分享妳的身體就已經足夠了，就像愛情不知道什麼時候會消失一樣，妳永遠不知道這些錢什麼時候會派上用場。至於已經結婚的太太們，不管有沒有要離婚，也要想盡辦法開始存錢，錢就是妳的底氣，有了底氣才能耍脾氣。

三、做愛要戴套

沒有小孩的離婚，會簡單一萬倍。雖然俗話說床頭吵床尾和，但是很多婚姻裡的問題不是靠上床就能解決的，也不是如果一次解決不了，那就兩次（年紀大了也沒辦法能那麼快來兩次）。萬一懷孕了，本來夫妻感情就差的狀況下，等小孩生出來之後，只會更差，想要用孩子挽回夫妻感情，或是用孩子挽回外遇老公的心，成功機率幾乎都是零。

一旦兩個人走到離婚，如果沒生小孩，只要把財產分清楚就好，從此一拍兩散，你走你的陽關道，我過我的獨木橋，此生互不相干。

有小孩的離婚，可沒那麼容易。首先，小孩的監護權要給誰就有得爭了，小孩都是媽媽在顧，監護權給媽媽不是很天經地義嗎？不不不，很多爸爸明明沒有照顧過小孩，但一聽到太太想離婚，突然間就成了世界上最愛小孩的爸爸，死也要把監護權爭到自己手上，或是爭來了也沒打算要照顧，只想丟給老父老母，自己繼續逍遙痛快，這種情況下，光是調解就要調解個把月，對小孩及想離婚的這一方來說，都是煎熬。

除了監護權該歸誰會產生問題之外，小孩的探視時間與探視條件更是雙方在離婚時需要來來回回確認的麻煩事，小孩平常跟誰住、一週住幾天、要跟另一方怎麼交接小孩、連假歸誰、放假能不能帶出國旅遊、寒暑假時間怎麼更動、從哪天開始到哪天、從幾點到幾點、需不需要支付扶養費、學費怎麼付等，列出兩百個需要討論的細項都不為過。雙方如果離婚的時候還是感情融洽的狀態（我存疑），兩個人都是以孩子的最大利益為出發點，這個流程是可以加速，未來執行上也比較不會出現問題。

最痛苦的是，離婚時通常已經極度痛恨對方，不想再見到那張討厭的臉，但因為你們是孩子的爸爸媽媽，在小孩成年之前，為了孩子的事情還是得持續聯繫，常常碰面。更悲慘的狀況是，假設離婚後另一方不懷好意，可能還會把看小孩、接送小孩拿來當藉口，對你繼續糾纏或是找麻煩，遇到這種時候真的會痛不欲生，只求對方高抬貴手放過自己。

為了避免因為小孩而讓離婚更加複雜，如果你已經有離婚的念頭，跟家裡那位非做不可的時候，千萬記得一定要戴套。

當我們之間，只剩下錢

從萌生想離婚的念頭到真的說出口，我經歷了大約三年的時間才下定決心（形同守了三年的活寡）。這段時間裡，對於一個上國小都還在台灣戒嚴時期，從小受傳統思想教育長大的婦女來說，在婚姻裡遇到瓶頸，要接受「離婚也是個選項」，是很困難的一件事。

我以為的結婚，就是跟一個人一輩子到老，何況我還是在逼近高齡產婦的年紀，海底撈月撈到個「好」對象，趕進度般地一年內完成結婚跟懷孕兩項人生清單。不過，怎麼結婚才短短幾年，我就一點都不想跟他到老了，想到他我只會心情很差很想逃，該如何是好？如果離婚，我是不是就變成有汙點的女人？如果離婚，我的父母會怎麼想？如果離婚，我女兒還小，她會不會被嘲笑？這些八股到不行的觀念，都曾經在我的腦海裡打轉過。

某次全家到朋友家聚餐，喝茫的我直接在朋友家沙發上小睡片刻，朋友可能以為我睡熟了，就問了老公：「你們現在關係還好嗎？」老公想了一下回答：「不太好。」朋友又繼續問：「那你覺得她需要你嗎？」果然旁觀者清，竟然問了如此一針見血的問題。老公回答：「她只把我當成她的ATM。」原本躺著頭還有點暈，聽到此話突然酒全醒了，偷聽果然是提振精神最好的辦法。其實聽到老公的答案我並不驚訝，驚訝的是，他竟然難得這麼有自覺。

是呀，在這段婚姻裡，我早早就什麼都靠自己：生活起居靠自己，照顧小孩靠自己，娛樂安排靠自己，開車出門靠自己，洗衣買菜靠自己，家具組合靠自己，東西壞了要修靠自己，心情抒發靠自己，連高潮也都靠自己。唯一需要靠他的，只有錢，老公對我來說，就像他自己說的，是ATM沒錯。

但我們是怎麼走到這裡的呢？一開始，你就打算只用錢打發這段婚姻嗎（那也要給得夠多啊）？你覺得，只要讓我有地方住、有車子開、有足夠的錢可以生活，就能支撐一段婚姻了嗎？

我曾經需要你，需要你一起經營這個家，需要你一起養育我們的孩子。半夜小孩上吐下瀉的時候，我需要你走出房門一起幫忙處理；我生病躺在床上時，我需要有個人能接手小孩讓我能休息片刻；我也想要你陪在我身邊，想要有人能讓我傾訴開心與悲傷，和我一起創造回憶，我想要感受被照顧、被疼愛、被關懷，我想要有個夥伴在我身旁和我攜手前行。雖然基本的物質需求有被滿足，但是我想要的心理支持與慰藉（其實還有身體上），在這個婚姻裡統統都沒有，取而代之的，是冷漠、是掌控、是占有。

在婚姻後面三年，我愈來愈討厭老公，愈來愈不快樂，愈來愈封閉自己，我逃避每次和他的眼神交會，逃避他企圖又想要我改進的每次談話，逃避與他相處的每分每秒，我想逃離的不只是他，還有被迫跟他綁在一起的這段婚姻。

既然現在「錢」是他唯一能給我的好處，我又不是沒有謀生能力的女人，為什麼要為了錢繼續在這段關係裡為難自己？何況他只是提款機，也不是聚寶盆，只要我可以自己賺錢，我是不是就再也不需要他與這段婚姻了？

當你徹底明白生命中不需要這個人存在的時候，你會知道，讓你猶豫不前的那些理由，都終將不再是理由。

誠實面對自我，離婚沒有對錯

離婚無疑是人生的重大決定，要考慮經濟、考慮孩子、考慮心情、考慮面子、考慮家人、考慮未來，需要考慮的面向非常多，大部分的人都會像我後面那三年一樣，猶豫不決又遲遲無法下定決心。

如果你正在猶豫，不如拿出一張紙、一枝筆，中間畫一條線，左邊寫上你想離婚的原因，右邊寫上你還不想離婚的原因，例如：左邊想離婚的原因有：一、跟公婆同住老人管很多；二、老公工作常出差不在家，覺得很孤單；三、老公曾經出軌過，不知道還會不會有下一次等等。右邊不想離婚的原因有：一、老公對小孩很好，只要在家都是他在陪小孩；二、每個月給我二十萬零用錢；三、雖然公婆很囉唆，但會幫忙照顧小孩等等。

還有最重要的，記得別漏掉你的心情，在這段關係裡，你快樂嗎？鬱悶嗎？生活值得期待嗎？造成這些心情的背後都有原因，別忽略了這些需要被考慮進去的潛在因素。

一邊寫，你的頭腦會更加清晰，衡量自己到底比較在意哪些事，順便審視這些想離婚的理由有沒有機會改善，也就愈能知道自己到底還要不要堅持下去。婚姻狀況百百種，每個人寫出來的內容有所不同，我們對於每件事的重視程度也不一樣。說不定今天你在左邊只寫了一條，右邊卻寫了二十條，不過左邊這一條就足夠打趴這場婚姻的所有優點，成為你想離婚的關鍵。除了你，誰也沒有正確答案。

離婚這件事情沒有對錯，每個人衡量的標準都不一樣，舉例來說，出軌能不能被原諒？有些人可以，有些人一輩子都不行，要不要接受，全看你自己。

這場婚姻是屬於你的，唯有誠實面對自己的心情，才能舒心過日子。

認清底線，才能加快離開的腳步

差不多在婚姻的最後一年，我和老公起了印象中最後一次大爭執，起因只是微不足道的一句話，卻像星火燎原般，引爆了老公積壓許久的不滿。

他開始指責我長時間以來的種種不是，憤怒地翻出一條條我過去沒做好的事，但那些指責在我聽來，都是毫無邏輯也毫無道理的要求。我也爆炸了，再也不想聽他的無病呻吟，再也受不了他的不可理喻。在這幾十分鐘的爭吵裡，我們像用不同星球的外星語交談著，他聽不懂我講的，我更聽不懂他說的，彼此根本沒在聽對方說話，只是一股腦地傾瀉滿腔怒火。

我再也無法跟這個人雞同鴨講下去，血壓飆高、腦袋腫脹的我，抓著車鑰匙就往外衝，在那個當下我什麼都不想管了，我什麼都不要了，我只想馬上離開他，離開這個我厭惡至極，名為「老公」的人。

我把車子開到鄰近的社區靠邊停下來，才感受到自己的心臟瘋狂跳動，聲音大到彷彿整個車內都聽得見回音。我邊深呼吸、邊用顫抖的手滑開手機，第一個動作是查了當晚飛台灣的班機，氣憤又絕望透頂的我，此時心裡只有一個想法：我好想回家，我要馬上回家。

我的眼淚就像噴泉般嘩啦嘩啦地湧出，停也停不住，查完機票後立刻撥了電話給朋友，哽咽地哭訴我的委屈。聽著朋友的安慰，我激動的心情慢慢冷靜下來，才回神開始考慮我目前的處境：只有拿著手機跟車鑰匙就衝出家門，沒錢包、沒證件更沒護照，我是要怎麼搭飛機？我可以什麼行李都不帶，家裡所有東西都不要，但是我需要我的護照，於是腦中開始盤算著接下來的作戰計畫。

我的搶救護照大作戰是這樣的：把車開回家，進門後馬上衝進房間拿護照，帶上錢包，有機會的話再拿點現金，接著上車直奔機場，完美展現牡羊座的超高效率。然而，就在思考如何用最短時間完成這一連串動作的同時，我想起了女兒，對耶，我還有個寶貝女兒，要不要回家後一把抱走她，帶她一起上飛機回台灣？但這樣似乎會增加整個作戰計畫的困難度，老公會不會因此追出來，或是報警說我綁架小孩？多了這樣一個不可控的因素，讓我的計畫變得無法預測，猶豫再三，還是決定今晚自己先離開再說。

不過，我真的做得到嗎？我真的可以丟下女兒，自己一個人回台灣嗎？我會不會一上飛機就後悔了？從出生到現在，四年來從來沒有離開過我身邊一天的女兒，我真的捨得把她一個人留在美國，給那個不稱職的爸爸照顧嗎？我原以為自己可以做到，但一回到家看到女兒哭歪的臉，我又捨不得了。

這場出走大約經過三小時，老公看到我的第一句話依然是指責：「妳到底在幹嘛！女兒剛剛哭著要找妳！」我不想再跟他吵，也懶得叫他先好好檢討自己憑什麼用那種口氣跟我說話，當時我心中已拍板定案，自己絕對要離開這個討厭鬼。

在那個崩潰又戲劇性的夜晚，我不但確定了離婚的念頭，同時也釐清心中的底線：我可以什麼都不要，只求你讓我走，最好讓我帶著女兒一起走。也還好當時的我，並沒有任性地一走了之，如果我真的把女兒留下，自己隻身回台，之後的離婚會增加很多無法預期的難度。在邁向離婚之前的每一步，都需要謹言慎行。

從前面的檢視裡，如果你得出的結果是：「對，我就是要離婚」，那請你同時也要先想清楚，當你要離開這段婚姻的時候，最想要得到的三件東西是什麼？在這三件東西裡，哪一件又是就算其他什麼都沒有，你也要得到的？那一項，就是你的「底線」。

如果你的底線是錢，你就全力爭取在婚姻內你應得的財產；如果你的底線是小孩，就好好蒐集你有足夠能力當主要照顧者及單一監護權家長的證據，不要屈服於對方的惡意威脅；如果你的底線是盡快還我自由之身，那在婚姻內享有的各種好處，都要有放棄的心理準備。

誰不想要離婚什麼都拿，如果可以，有車、有房、有錢、有孩子最好，但不可能凡事皆如願以償，等開始走離婚流程的時候，你就會知道，**有清楚的底線，才能加快離婚的腳步**。

爸爸的眼淚與媽媽的擔憂

要向父母說我想離婚，比對他們說我想結婚還要困難好幾倍。

如果讓爸媽知道我想離婚，不知道他們會怎麼想？他們會不會反對、會不會擔心？是否會覺得女兒讓他們丟臉？爸媽一直覺得我嫁了一個好老公，結婚以後住在美國，又不用上班，根本人生勝利組，結婚才沒幾年，有什麼理由會過不下去，想要離婚？

在我還不知道如何開口的時候，反而是他們先開了口。

某天，手機突然跳出爸爸的訊息：「妳跟老公有發生什麼事嗎？這兩年一直覺得你們好像怪怪的，但是妳沒說，我也不好問妳。」收到訊息的當下，我有點驚訝，有點激動，又有點感動，到底是爸爸觀察入微，還是我討厭老公的態度表現得太強烈？我的一舉一動，原來爸爸早就都看在眼裡，不過我每次回台都一副抗拒再次回美國的樣子，只要找到理由延機票就用盡辦法一延再延，明眼人應該都看得出來這段婚姻有什麼隱情吧？於是深吸了一口氣，決定跟爸爸坦承我的心情。

我把從結婚以來，老公要求我遵守諸多規定的控制狂行徑、獨自帶小孩的壓力及鬱悶心情，到現在看到老公覺得既厭煩又想逃離的那些念頭一一細數，還有他曾因為喝醉酒做出傷害女兒的行為，讓我不時會擔心自己和女兒是否會在他再次喝醉時受到傷害。

我彷彿抓住浮木的人，將這六年婚姻的辛酸委屈用文字盡量梳理清楚，一股腦地全向爸爸傾訴。一邊打字，我一邊擔心他等下一句等太久直接打電話來，深怕如果通上電話，我可能話還來不及說，就會忍不住哭出來，不過這時所有強忍的情緒，都在看到下一句爸爸傳來的訊息時，直接潰堤。

「看妳寫這些爸爸好想哭，妳的委屈我都感受得到……」

「你不要這樣，我人在外面都哭了。」

「爸爸也哭了。」

想到此時此刻家裡有個老人正看著手機訊息流淚，流淚的原因是對女兒在婚姻裡遭受的事情感到不捨，爸爸不僅沒有怪我，還同理了我的心情，這段糟糕的婚姻不但讓我自己不開心，還讓他那麼難過，顧不得原本和我一起在吃早午餐的朋友有多尷尬，也不管多引人側目，我直接在餐廳裡嚎啕大哭。

之後，爸爸告訴我：「家裡永遠會是妳的靠山，我會尊重妳的決定。」雖然離婚是自己的決定，並不需要得到父母同意，但爸爸給我的回應，讓我在心理上獲得極大的支持，懸著的一顆心因為他的話語終於可以放下。

我知道他身為父親一定充滿擔憂，一定還是覺得失落，但他尊重我為自己所做的決定，這是每個想離婚的人都需要的重要支持，我的內心對爸爸充滿一百萬分的感謝。

忍夠久，就會否極泰來？

不同於覺得女兒被欺負而感到生氣的爸爸，我的媽媽屬於「勸和不勸離」這一派，就跟大部分的老人家一樣。

「他又沒有打妳，也沒外遇，幹嘛要離婚？」媽媽第一句是這麼問我的。等我開始講述自己在婚姻裡的不快樂之後，她又接著問：「妳不用上班，都是他去工作賺錢給妳花，有什麼不好？」聽到這種問題，開始讓我懷疑她是不是剛看完花系列八點檔重播，我三分鐘前不是才說了自己在婚姻裡有多不開心嗎？

「再怎麼樣，老公也是妳自己選的啊！」媽媽又想用上一代的奇怪論點企圖說服我，這時我才終於了解，在她的傳統觀念裡，只要結了婚，就沒有離婚的選項（難怪我一開始也是這種想法而不敢離婚，是一脈相傳沒錯）。

所以，除非在婚姻裡，老公犯了重大錯誤，例如：對老婆做出肢體傷害，或是和別的女人有性行為，不然都不構成離婚要素。除了這兩點之外，在婚姻裡如果不快樂，妳要忍，老公供妳吃供妳住又給妳花用，身為妻子的義務就是要好好維持婚姻，不能後悔。

「我就是後悔了啊，不行嗎？難道妳希望我一直不快樂下去嗎？」我忍不住對媽媽說。

為什麼覺得自己做了錯誤決定卻不能後悔？為什麼我結婚六年後，發現跟老公完全相處不來，卻因為我曾經做了「結婚」這個決定就要懲罰自己一輩子？為什麼興趣不合（性器也不合）的兩個人不能分開，一起導正之前錯誤的決定，讓彼此都有再次重新獲得快樂的機會？

我想不只我的媽媽，只要是母親，心裡一定是希望女兒快樂幸福的，但是在她們的傳統觀念裡，幸福快樂必須跟婚姻綁在一起，離婚等於失敗，離婚等於錯誤，只要婚姻存在，不管裡面有多大的痛苦跟委屈，婚姻在幸福在，婚姻亡幸福亡。上一輩的女人大多都是這樣走過來的，她們結婚之後要住進夫家，伺候公婆、大小姑，為了堅守結婚時許下的承諾，就算關係中有些磕磕碰碰，忍一忍，也就沒事了。媽媽們會覺得婚姻裡本來就需要很多忍耐，忍夠久，就會否極泰來。等公婆都過世了，愛找麻煩的大小姑都嫁出去了，終究會回到兩個人的生活，老公會是唯一能依靠的伴侶，兩個人沒什麼共通興趣也沒關係，至少老來有個伴。

由於秉持著這種想法，所以在那樣的日子到來之前，自己的快樂可以放一邊，自己的喜好可以放一邊，自己的工作也可以放一邊，全心全意為家庭付出，這就是上一代女人的寫照。可是，我不是上一代女人，我不想這樣犧牲奉獻，我不想委屈四、五十年，我想做我自己啊。

在試圖反駁媽媽各種老派論述的同時，我其實可以從她的口氣中感受到媽媽的擔憂，縱使她知道耳朵硬、反骨又衝動的女兒，不吃她說的那一套。她擔心，「離婚」是大事，一個女人離了婚會遭到多少人的側目？一個女人帶著小孩要怎麼生活？夫家會怎麼想？未來如果要再有對象，人家會怎麼想？這些問題在她腦海中盤桓不去，我很想跟媽媽說：妳的擔心我理解，但是那些都是我要面對的問題，不是妳要面對的啊！

媽媽覺得女兒苦勸不聽，在對話結束前丟下這句話：「妳如果離婚，下一個也不會更好。」

「我沒有要下一個，我自己一個人就可以更好。」

這是我給她的回答。

你的痛苦，孩子都懂

意識到自己不想跟老公繼續生活下去，並且開始思考要不要離婚的時候，我的女兒大約才兩三歲。小孩的出現，讓我加速明瞭自己跟老公在各種觀念上的不合，更產生了離婚的念頭；卻也因為小孩的存在，讓我一直無法確定到底能不能離婚。**孩子是婚姻的照妖鏡，是離婚的催化劑，同時也是最會讓你遲疑的阻力。**

「要怎麼跟女兒談離婚？她不願意怎麼辦？」「女兒還那麼小，離婚以後她會不會很可憐？」「只靠我一個人，有辦法給她好的生活嗎？」「我提離婚就等於拆散這個家，女兒就沒有完整的家了，我是不是一個壞媽媽？」

那是一個未知的世界，會讓你有很多擔憂，也因為有很多擔憂，所以不敢貿然往前行。

但是，婚姻是你和另一半兩個人之間的事，當這段婚姻沒救的時候，卡在裡面痛苦的是你，停滯不前的是你，遭受冷暴力的是你，內心煎熬的是你，快樂不起來的人是你。你覺得要為了小孩維持早已無法運作的婚姻，維持表面和平，那你自己呢？你真的快樂嗎？假笑只能一時，假笑無法一世，最能感受到父母情緒的，是孩子的心，你的痛苦與虛假，孩子都默默看在眼裡。

早在我決定離婚之前，女兒就已發現媽媽的不對勁。某天，我開車載著她出門，途中她問我：「媽咪，妳是不是不喜歡爸爸？」我驚訝地心想，我表現得有這麼明顯嗎？接著反問她：「為什麼妳會這樣覺得呢？」女兒不假思索地回答：「因為爸爸想抱妳跟親妳的時候，妳都不給他抱啊，這樣就是不喜歡。」

天哪，媽媽我實在太震驚了，四歲的小孩竟然可以從爸媽這樣的互動中，觀察出精闢的結論。是啊，孩子的世界就是這麼直接與單純，喜歡的人想抱抱，不喜歡的人就不想抱抱，媽媽不想給爸爸抱，就等於媽媽不喜歡爸爸，女兒都看在眼裡的事，只有爸爸本人看不懂。

當時，雖然邏輯優秀的女兒給了我和她聊離婚的機會，這個話題並沒有繼續延續下去，因為我還沒有想好該用什麼方式講比較好，但經過這次的談話，讓我意識到不管孩子幾歲，只要用符合年紀的溝通方式聊你想談的話題，他們一定會懂的。

拿「離婚」來說，大部分的小孩都知道「結婚」是怎麼一回事，因為他們會聽到身邊的大人描述，會被爸媽帶去參加婚禮，會看到穿著結婚禮服的新娘跟新郎，甚至有可能自己就是爸媽結婚時的花童。孩子很小就知道一個男生跟一個女生結婚之後就會成為夫妻（兩個男生跟兩個女生也可以，記得從小就要教），那離婚呢？我是這麼和女兒說的：「當兩個人喜歡對方，想要一直在一起，他們就會結婚；如果有一天他們不喜歡對方了，想要分開各自生活，就叫離婚。」

「結婚」和「離婚」其實沒那麼複雜，這兩個反義詞就像「開門」跟「關門」一樣易懂。

婚姻的後期，女兒大約五歲，我開始找機會跟她談論離婚。某天，我一邊摺衣服，一邊和她聊天：「媽咪想和爸爸離婚耶，因為媽咪很不開心，不想待在美國了，我想要搬回台灣的家。」她疑惑地問我為什麼，我拿起手上的衣服，試著用她能理解的方式舉例：「妳喜歡每天自己挑喜歡的衣服穿對不對？如果媽媽規定妳每天只能穿褲子，不准穿妳喜歡的洋裝，妳是不是會很不開心？」女兒眉頭皺了起來：「對啊，為什麼不能自己選我要穿的衣服，是我的衣服耶！」我接著說：「爸爸會規定媽咪很多很多事情，讓我沒辦法穿自己喜歡的衣服、說我想說的話，也不能跟我的朋友聊天，所以媽咪很不開心，而且愈來愈不開心，我想跟妳爸爸分開，這樣媽咪才能做自己喜歡的事。」女兒點點頭，以她這個年紀能理解的程度，我想她懂了。

理解跟感傷，是會並行的。我理所當然的是女兒在世界上最愛的人，她喜歡也希望能一直依賴著媽媽。不過，當我和她說離婚以後，要帶她離開美國、一起回台灣的時候，縱使天涯海角只要跟媽媽在一起都好，但想到要和爸爸分開一陣子才能再見到面，她還是難過地哭了出來。

「對不起，寶貝，媽咪知道妳很難過，這不是妳的錯，是我和爸爸真的沒辦法再繼續一起生活，是我們兩個的問題，雖然以後會和爸爸分開住，但我們都一樣很愛妳，好嗎？」輕柔地抱著拍拍流著淚的女兒，我覺得對她有些虧欠，但是若要因為對小孩的虧欠感，而強留在那個令人感到恐懼及痛苦的婚姻裡，我真的辦不到。

現階段女兒不用知道爸媽離婚的全貌，畢竟離婚的原因也很難用三言兩語說清楚。之所以要和她談，一來我希望她能了解媽媽想離婚的原因，二來我更希望能藉由離婚這件事讓她知道，**在未來任何一段關係裡，不管是誰，都沒有權力讓妳不快樂、讓妳覺得自己很差勁，更不能讓妳不愛妳自己，只要覺得不舒服、鬱悶、委屈，都可以後悔，都可以勇敢地大步離開**。這是身為媽媽的我，努力想傳達給她的訊息。

人數不是家的必備條件

離婚與否，決定權都在你的手中，一定要明白這個決定是為自己而做，不是為了成全孩子有個「完整的家」。小孩的成長過程中，需要的是關心、是照顧、是分享、是支持，需要的是真正愛他的爸爸媽媽，不是表面上維持著婚姻，相處卻像陌生人的父母，也不是口口聲聲說為了孩子死不離婚，但卻整天吵架互毆的父母。

很多家庭的狀況，是夫妻倆早就知道相處不來，卻因為不敢面對兩人之間真正的問題，沒有勇氣改變既有的生活，更無力承擔外界的眼光及壓力，於是把小孩當做不能離婚的藉口，死撐著早就腐爛的關係，維繫著名存實亡的婚姻，拖著孩子一起上演「我的家庭真可愛」的戲碼。

既然一直催眠自己是因為孩子不離婚，糟糕的父母更有可能會把這種對婚姻的無力感轉嫁到孩子身上：「我是為了你才不離婚，你為什麼還不聽話？」「要不是為了你，我早就離婚了，何必過得這麼辛苦？」「我就是因為你才沒辦法離婚，每天要忍受你糟糕的爸爸。」把這些情緒勒索施加在孩子身上，孩子何其無辜？這些父母需要思考，口口聲聲說是為了孩子不離婚，你有真正問過他們的意思嗎？他們看著不回家的爸爸、天天以淚洗面的媽媽，看著衝突不斷的家庭，他們比你更想逃，比你更希望離婚，因為這些孩子才是不幸婚姻裡的最大受害者。

離婚指的是夫妻雙方分開，並不是爸爸或媽媽任何一方和小孩斷絕親子關係，很多人可能會卡在這一點，覺得「如果離婚了，小孩就沒有爸爸／媽媽了」，但現實是，除非爸爸在簽離婚協議書那刻心臟病發死亡，跟這個世界說掰掰，不然小孩永遠都有一個爸爸。而這個爸爸要不要負起陪伴小孩的義務與責任，以及他愛不愛小孩，會不會關心小孩，則是和離不離婚一點關係也沒有。

在此呼籲所有的父母，期望自己的小孩在什麼樣的家庭氛圍裡長大，就請努力完成你的理想，真實建構出那樣的家庭給他，如果現在的模樣跟你想像的相去甚遠，就努力去改變它。**爸爸跟媽媽有沒有住在同一個屋簷下，從來都不是幸福的要件，家的定義不是人數，也不是坪數，只要你跟孩子在一起，過得自在安心、快樂富足，這就是屬於你們的，完整的家。**

關係健檢清單

許多人對於離婚有著諸多不切實際的想像，導致自己無法下定決心邁開步伐，若你還在猶豫，請看看是否是以下的迷思阻礙了自己：

- □錢不是我賺的不歸我，沒錢養小孩就爭不到撫養權，離婚會讓我失去所有。
- □不會拳打腳踢也沒外遇，幹嘛要離婚？婚姻裡本來就需要忍耐，忍夠久，就會否極泰來。
- □為了小孩維持表面和平，總好過拆散一個完整的家。
- □如果離婚，下一個也不會更好。
- □爸爸和媽媽沒有住在同一個屋簷下，小孩會因此過得不幸福。

第 6 章

享受自由，成為真正的人生勝利組

面對未知，備受煎熬的八個月

在婚姻邁入第七年時，我終於和老公提出了離婚，從說出口的這個時刻開始，他在我心中再也不是老公。我忍受了那麼久，才不想再叫他老公，更不想繼續當他的老婆，我的生命從此跟這個人切割，他終於成為了我的前夫。

對離婚完全沒經驗的我，一開始天真地以為提了離婚，兩個人把該處理的講一講、分一分，再把離婚協議書拿出來簽一簽，就大功告成了。雖然程序上是這樣沒錯，但是沒經驗的人果然就是沒經驗，自以為會很快地完成離婚手續，然而都尚未進到調解過程，也沒走到法院見到法官大人，光是前面雙方來來回回的多次修改各種細項，就耗時了八個月。

八個月，幾乎等於過了一年當中的三季，孩子生出來八個月都已經開始會滿地爬了，我認識前夫也只花了六個月就決定要結婚，和同一個人離婚竟然要耗費八個月？誰會想到離一個婚要花這麼多的時間？真是結婚容易離婚難，如果要我說說這八個月的心情，只能用痛苦難熬來形容。

鏡頭快轉回到事發的那一晚，當我把「與夫訣別書」遞上給前夫，接著鎖上門、抓緊棉被、抱緊女兒，提心吊膽地過了一夜，隔天卻什麼事也沒發生。但在接下來的好幾天，我天天都懷著戒慎恐懼的心，因為那一晚之後，前夫每天照常起床、照常上班、照常回家、照常在沙發上滑手機、照樣關在房間看影片，咦，他是在裝傻嗎？還是那晚發生的事其實是我在做夢，或是因為日思夜想出現了幻覺，我重新翻閱我和他的訊息對話好幾次，反覆確定那晚的一切真真實實地發生過。

一天一天過去，我愈等愈納悶，不知道現在到底是什麼情況，前夫的心情是什麼，震驚還是憤怒？崩潰還是釋懷？要離還是不要離？我到底該不該直接先找律師開始進行離婚手續？

幾天之後的某個晚上，他說有事情要跟我談，並且在我面前拿出一張紙，上面列出他提的離婚條件，告訴我如果沒其他問題，他已經找好律師，我們就按照他列的方向進行下去。原來，在我獨自煎熬的這幾天，前夫已經找好了代表律師，擬好了條件，並且開始著手進行離婚程序。

我看著那張紙，才知道原來他表面上故作鎮定，其實是鴨子划水，早已為離婚做好萬全準備。雖然知道他在婚姻後期也很孤單痛苦，但面對我提出的離婚要求，他竟然完全沒有掙扎就爽快答應，並且超有效率地開始進行下一步，早知道如此，我八百年前就跟他提了呀，何必大家都撐得那麼痛苦？我在婚姻裡從沒看過態度如此積極的前夫，讓我有種跟這個人結婚六年多，卻完全不認識這個人的感覺。

不久之後，我收到他的律師來信，請我在一份看不懂的文件上簽名。前夫的說法是，既然我們對於離婚條件的大方向沒有問題，就讓他的律師全權處理即可，不但能加快速度，我也可以省去請律師的費用。

但離婚的法律文件上，寫的不但是專業的法律用語，還全都是英文，就算把內容全部剪貼到翻譯軟體上翻譯成中文，我也像在看文言文一般，有看沒有懂。前夫不斷催促我趕快把文件寄回給他的律師，可我想來想去心裡總不踏實，還是覺得專業的事要交給專業的人處理，於是聯絡了之前諮詢過的律師。

所有的談判都是諜對諜的開始

當愛情和婚姻契約都走到盡頭，縱使雙方原來還有一些殘餘的情分、一絲剩餘的信任，都會在辦離婚手續的那一刻開始，消失殆盡。

當我的律師看完那份文件，只跟我說了三個字：不能簽。一旦簽下去，就代表我完全同意他那方提出的所有條件與方式，沒有協調的空間了。天啊，不就好險我有舉手發問，結婚簽一次賣身契還不夠，難道連離婚還要再讓我簽一次嗎？人笨一次情有可原，笨兩次就無藥可救，離婚我學到的第一堂課，就是所有的談判都是諜對諜的開始。

我把離婚談判的工作，全權交給了我的律師，同時也關上和前夫對話的大門。雖然有人說，律師是讓兩個人關係最終決裂的重大因素，婚姻如果想善終就不要找律師，但是，想在最後的這段期間和平相處，就跟經營婚姻一樣，需要的是兩個人的努力，不是一方一廂情願就有辦法達成的。

和前夫初步達成的協議是，離婚後我會把女兒帶回台灣，所以在離開之前我想盡量釋出善意讓他多和女兒相處，當做是我最後的溫柔。殊不知前夫卻頻頻出招，不但拿出法條明文禁止我單獨帶女兒離開我們居住的那一州，也曾經一度把我們共同帳戶（支付全家生活支出）的錢挪空，想在行動自由及金錢上對我施加壓力。

發現這些突如其來的動作時，我只有錯愕與無奈，我們不是已經正在離婚了嗎，趕快辦完趕快讓我走不就好了，為什麼要這樣搞我？這個人到底想幹嘛，把我困在這裡他會比較開心嗎？到最後的最後，還想繼續控制我嗎？原來，離婚能好聚好散只是傳說，面對這個曾經讓我想共度一生的男人，我對他僅存的一絲絲信任感也因此蕩然無存。

離婚的程序之所以耗費好幾個月，有很大的原因是所有關於房屋、財產、孩子探視等細項，一旦寫在白紙黑字上經過法官簽名之後，都會變成具有法律效力、強制雙方遵守的規範，所以每一條、每一個用字，都要跟律師小心謹慎地再三斟酌。於是，就這麼你來我往、你修我改、你增我減，加上律師都是大忙人，手上同時都有非常多案件在處理，像我們這種還不用上到法庭的協議，很容易就被放在處理的最後順序，一來一回的等待，幾個月的光陰就這麼過去了。

原本以為離婚只要用上兩三個月就能結束，我就能趕快帶女兒飛奔回台灣，沒想到竟拖了兩三倍的時間卡在律師那關，幾乎逼得我崩潰。我不知道為什麼協議書回到前夫和律師的手裡確認時，要花費那麼多的時間，不是幾天、不是幾週，而是好幾個月。

我的腦袋中不免出現這種想法：會不會是他反悔了不想離？還是他想推翻之前談定的條件，突然想跟我爭女兒的監護權？或是他突然覺得想天天看到女兒，不想讓我帶女兒回台灣生活？在沒有看到最後版本、簽下雙方的名字之前，所有嘴上談的一切都是未定數，都還會有改變的空間，我不停揣測是否哪個環節出了問題，也不知道前夫真正的想法是什麼，而且就算開口問他，也不知道他所說是真是假，我只能無止境地消極等待，等待一切塵埃落地，等待一線曙光（其實是離婚協議書）的到來。

終點前的最後一哩路

這種煎熬的心情是無國界的，在台灣離婚可能感覺會更加深刻。

美國和台灣的法律有一個很大的差別：在美國只要夫妻其中有一方想離婚，不需要提出任何理由，只要向法院遞送申請，就可以開始走離婚程序。台灣就不同了，如果夫妻雙方無法和平達成共識協議離婚，除了符合民法第一〇五二條第一項的十種法定事由能向法院訴請離婚之外，如果因為個性不合或其他狀況想分開，必須向法官提出證據，證明這個婚姻存在重大事由難以維持，無法繼續下去。

簡言之，在台灣如果想離婚、但另一方死不願意簽字的話，離婚會難上加難（所以婚真的不能亂結）。在這樣的情況下，一旦進入了離婚程序，就要有心理準備會是一場長期抗戰，運氣好的話可能僅需幾個月的時間，如果需要走進法庭讓法官做出判決，耗時至少一兩年都有可能。

每一天，我和前夫依然生活在同一個房子裡，除了偶爾因為協議書內容爭執不下會有短暫的接觸，其餘大部分的時間則是各過各的、互不交談，就像是超級不熟的室友，共用廚房、共用客廳，以及共用女兒。

面對無止境的未知，我的心裡愈來愈焦急、情緒愈來愈不穩定，我連跟前夫在同一個空間裡，呼吸同一片空氣我都覺得窒息，我知道我們會離婚，我知道自己終究會離開，但是什麼時候才會是到頭的那一天？什麼時候才是終點？我真的看不到。

我好像掉入了黑洞，掉進了無底深淵，唯有這個婚姻趕快消失，我才有辦法重見光明。當時的我，甚至希望前夫如果能突然發生意外掛了，那樣我不但能領到一筆保險金，能直接接收所有財產，更不用煩惱有人跟我爭小孩，那該有多美妙……

當我發現自己出現這種扭曲想法，我告訴自己這樣下去不行，不能一直陷在絕望的情緒裡，如果把注意力一直放在離婚上我會瘋掉，我還有女兒要照顧，我也要把自己照顧得好好的，我必須做點事情讓自己抽離。

於是，在這最後這幾個月裡，我盡可能地找事情做，逼迫大腦產生腦內啡，那是一種持續三十分鐘以上中強度運動時，腦下垂體自然分泌的化合物激素，功效等同天然鎮定劑，能讓人保持愉快的狀態。此時此刻的我太需要這種激素，我要遠離煩惱、遠離緊張，我每天都需要它，所以我天天都去運動。

運動的好處不只讓腦袋感覺快樂，還會讓你感覺身體愈來愈健康漂亮，對於離婚之後馬上就要回到市場上的我，當然要好好把握這個機會讓自己健康苗條一點，誰知道充滿可愛小鮮肉的新生活什麼時候突然就來了，當然得做好萬全準備才行。現在還深陷其中的你可能還無法體會，但相信我，終於甩掉一棵乾枯的爛樹，看到整片翠綠森林的時候，你會用得上的（眨眼）。

除了運動之外，很幸運的是，在我居住的地方附近正好有很多大自然美景（是多偏僻），我開始約朋友一起去爬山，也會帶著女兒四處走走轉換心情。有些時候，當你親身感受到大自然的遼闊，認知到自己的渺小，那些你以為天崩地裂的事，會在那麼一瞬間，變得沒那麼嚴重。**當你能夠把自己的情緒抽離，不再專注在當下的痛苦，開始對未來有一些期待時，你就可以在那些被焦慮壓得喘不過氣的日**

子裡，稍微呼吸到一絲絲自在。

離婚是一場孤軍奮戰，唯一能稱得上是戰友的只有你的律師，朋友及家人都不是當事人，無法真切感受到你的痛苦，無論身邊的人對離婚支持與否，都不能影響你為自己做的決定。但是，若是在這種時刻能擁有親朋好友的陪伴與支持，將會是莫大的幸運。

我在煩躁又低落的時候，幸好有朋友陪我抒發心情，並且不厭其擾地聽我抱怨，還順便提供其他更慘烈的離婚案例，讓我覺得在這世界上不是只有我最慘（悲慘也是比較而來的）。

透過這些發洩與陪伴，讓我終於熬過八個多月的痛苦煎熬時期，如果你實在無人可訴說，在經濟許可的情況下，也可以尋求諮商心理師的協助。鬱悶需要出口，說話也是治療的一種方式，而這種方式對大部分的人都有效。

如果離婚是一場馬拉松，這就是終點前的最後一段路。雖然還看不到盡頭，但你一定要相信，只要堅持著，這些難熬的時光終究會過去，終點就在不遠處。

提離婚的就是壞人嗎？

等待離婚程序結束之前，絕大多數時候我的心情既焦急又無奈，一直要到最後，知道一切即將塵埃落定，我才真正有時間好好靜下心來，哀悼我的婚姻。

在我居住的附近有一座很美麗的湖，湖邊的景色絕美動人，如果可以，出門我會故意繞比較遠的路沿著湖岸開，邊開車邊欣賞窗外太陽在湖面反射的閃閃亮光，抑或是感受薄霧覆蓋的湖面透露出的神祕氣息。身處在如此詩情畫意的環境裡，心情應該是既輕鬆又愉悅，我卻常常邊開著車，音樂聽著聽著便掉下眼淚。

「為什麼會把自己搞成這樣？」這是我一直在問自己的問題，我以為會很愛這個人，我以為自己可以和他共組一個美滿的家庭，我以為可以和他一起享受有孩子的喜悅，我以為我們可以互相需要、互相照顧、一起成長、一起到老，我以為這會是我下半輩子的家，可是結局竟是如此蒼涼。

七年前那個對婚姻充滿期待，深愛著即將成為自己丈夫的男人，眼神閃閃發光，對未來生活充滿希望，即將步入婚姻的我，是怎麼一步一步走到這裡的呢？

如果從一開始，我更努力地跟他好好溝通，是不是就不用走到離婚，我就不會看到女兒難過的小臉蛋，我也不會把自己搞得像現在這麼傷心？我想知道在過去七年裡，是哪個環節開始出現問題，是我做錯了什麼，才導致今天的結果。雖然知道這一切都始於我和前夫兩個人骨子裡的不合適，但在面臨這種重大等級的人生挫敗之時，我還是忍不住對自己產生懷疑。

我的婚姻即將結束，我花了七年，迎來一個失敗的婚姻。為什麼是我呢？為什麼我不能和其他人一樣，有美好的婚姻，有顧家愛孩子的老公，有一個和諧的家庭？我明明也很努力，結婚以後的每一天都盡力做到最好，為這個家付出自己所有的力氣、精神及青春，從一個不煮飯的小姐變成每天準備三餐的太太，當了媽媽以後我犧牲每晚的睡眠，只為了把小孩照顧好，我把家中從裡到外張羅得整整齊齊、乾乾淨淨，把小孩養得健健康康、活潑可愛大家都說讚，我難道不夠好嗎？我不值得擁有美好的婚姻嗎？為什麼其他人都可以，我就是不行？為什麼我沒辦法走到最後？

我有一百個想問的問題，有些早就知道答案，有些永遠不會知道。不管答案是什麼，在這個時候都不再重要，就像流出眼睛的淚水無法收回，這些已經發生的過往，再也無法回頭了。

我是提出離婚，決定要終結婚姻的那個人。對於前夫或是前夫的家人來說，我真是個壞女人，因為我想離婚，這個婚姻才無法繼續下去；因為我想離婚，小孩才被迫無法跟爸爸生活在一起。

前夫的家人曾經責怪我：「婚姻不就是要忍，為什麼妳不肯忍？」彷彿一切的過錯都是出自於我的忍受力太弱，只因為我不想再被控制、不想再過得不像我自己、不想再也笑不出來，而這一切為了不讓自己遭受更大傷害的自我防衛，對他們來說卻像個殘忍的謀殺行徑，是我選擇親手勒斃了我們的婚姻。但事實上，在我說出口之前，這個婚姻早已被宣判死亡，我被傷害得千瘡百孔，委屈到泣不成聲。對我來說，前夫才是終結這段婚姻的凶手，是他讓我不想再繼續下去，是他讓我們的關係走到這步的。

婚姻不是一個人就能夠一肩扛起，這個失敗的結合，兩個人都有責任，是我們共同造成的後果。我只是比較勇敢，選擇當說出口的那一個人罷了。

在離婚協議修改遇到拉扯時，前夫曾說是我自己要離婚的，我卻什麼都想要，既要錢又要小孩，是個占盡便宜的女人。他覺得自己是受害者，被提了離婚，卻還要給錢，以後也不能天天都見得到小孩（這時候就開始覺得自己愛小孩了）。想要改變的人是我，失去許多的卻是他，對他而言，我是這段婚姻的加害者，我是把不要的留下（例如他），拿了好處屁股拍拍就走的薄情女。

都已經走到如此局面，還這樣指控我，只會讓我覺得這個婚真是該離。對我來說，因為我選擇要離開，所以在我放棄婚姻的同時，我同時也放棄了過去七年在美國的生活，包含因為結婚搬到人生地不熟之地、好不容易重新建立起來的社交圈；我放棄了那棟住了好久的屋子，裡面有許多我親自挑選的家具、喜歡的擺設；我放棄了每天習慣的生活環境、生活模式，還有那些我習慣去的小商店、喜歡的餐廳。除了我之外，女兒也被迫放棄從出生到五歲屬於她的小小生活圈，包括她習慣的學校、她從出生就一起玩的可愛小夥伴們。

這一切原本屬於我的生活過往，在簽字的當下，全部都得說再見，這些道別又談何容易。更別提身為一個女人，在過去七年裡失去的青春、失去的身材、失去的容貌、失去的工作機會、失去的自信、失去的活力、失去的自我……如果硬要比誰在婚姻裡失去得更多、離婚時被剝奪得更多、未來需要改變得更多，那個人怎麼想都會是我。即使如此，我不想埋怨也並不後悔，更不會把這些話拿出來與他爭辯（畢竟他也聽不懂），我自己的選擇自己承擔，改變再多我也不在乎，因為我就是要離開他，做回快樂的自己。

沒有人會若無其事，完整地離開一段婚姻，一定都是支離破碎、傷痕累累更混雜著血淚。離婚不可能有贏家，捨棄一段婚姻一定是兩敗俱傷。所以，到底從什麼時候開始，是誰先冷落了誰，誰先傷害了誰，既然沒有正確答案，又何必在離婚的時候糾結是誰先開了口，彷彿提出離婚的人就是加害者，就不會難過、不會受傷，另一方就是無辜的受害者？只因為先開了口，不代表就什麼都該認命放棄。

我們之所以勇敢地選擇結束，是因為那些我們曾經最想要的，早已經跟著這段婚姻一起付諸流水，連美好的過往都已不復見。

終於清空的配偶欄

在美國簽最終版本的離婚協議時，因為同時忙著搬家、運送行李及搶機票（該死的疫情剛起，深怕機場突然關閉），所以還沒有那麼強烈的真實感。（不過我帶著女兒搭飛機回到台灣上空，看到閃閃燈火及高掛在機場的青天白日滿地紅國旗時，我還是在落地的那一刻哭了出來。）

一直要到站在區公所櫃檯，拿著最後一樣能證明我是某人所有物的證件，交給有效率的台灣公務人員（待過美國就知道台灣人辦事多有效率），我才確切地意識到，十五分鐘後我的人生將會完全改觀，現在不管是在哪一國、在哪種有效證件上，我都不再和另外一個人有夫妻關係，我再也不屬於任何人了。

「小姐，妳的身分證好了喔。」區公所的阿姨微笑看著我。我的手伸出去，微微顫抖地拿回那張配偶欄空白的全新身分證，翻到背面看著空白處反覆端詳，身體竟然自動產生了一種飄飄然的感覺。天啊，我等這一刻等太久了，我終於正式重回單身，不再是誰的老婆，也不是誰家的媳婦，我終於做回我自己了！

拿到身分證的當下，我才真正覺得這一切結束了。這幾年的痛苦，外加最後八個月的煎熬，我終於熬過來了，我正式從前夫手中，拿回我的人生自主權，我不用再忍受他的一堆規定，不用再時時注意他的臉色、調整我說話的方式，不用做任何事之前都要徵得他的同意，也不用再和他住在同一個屋子裡，照顧他、伺候他，還要擔心害怕不知道在哪個他又喝醉的晚上，突然衝進房間想傷害我和女兒。

我終於能擺脫那些巨大的壓力、擺脫那些身為老婆的責任、擺脫他給我的恐懼與擔憂，我終於能開心地為自己而活，過我想要的生活了。

走出區公所的大門，我和前夫尷尬地道別（畢竟還有手續需要兩個人一起辦，所以他也回台灣了），之後一路上我都按捺著想要輕鬆跑跳步的雙腿，深怕一克制不住我的快樂腳，會引來路人的側目（但其實我也不在乎），還好這時候有口罩政令，我沿路上可以盡情地眉開眼笑，嘴角裂到耳邊拉也拉不住。我真想迫不及待地拿著這張配偶欄空白的身分證，爬到最高最高的山上，高舉著它，秀給全世界的人看：「我做到了！我他媽的做到了！」像一吐多年的怨氣般，大聲地吶喊出來。
「我離婚了！真的好爽啊～～～」

離婚使人美，做個開心的失婚婦女

在女人身上，離婚這兩個字從古至今都伴隨著負面的意義。男人如果離婚，彷彿只是走路被小石頭絆到，一個踉蹌踩穩後，便能繼續挺直腰桿往前走，沒人會有意見。但如果是女人離婚，妳就超悲慘、超失敗、超可憐，不僅被拋棄，還變成一個有缺陷的人，傳統社會就是這樣看待女人的，還給了女人限定的代名詞，叫做「失婚婦女」。

但是奇怪了，我離婚成為了失婚婦女，在自己身上卻感受不到自己變成既悲慘又失敗的人，我反而超爽的耶，從離婚那一天開始我整天笑嗨嗨，我覺得我的狀態棒極了，從裡到外都發亮，皮膚變好，人也變美，考試都考一百分呢！

人的面容是會隨著心情而變的。離婚回到台灣之後，所有的朋友看到我都說：「妳怎麼了？變得好美喔！」我一律回答：「因為我離婚了啊。」甩掉鬱悶的心情，離開壓抑的環境，我不再整天唉聲嘆氣、眉頭深鎖，以前除了照顧小孩，還要照顧婆婆的兒子，只能把自己放在最後一位；現在跟媽寶說了再見，我只要把自己顧好，同時也照顧好女兒就可以了，現在的我心情輕鬆、笑逐顏開，每天醒來都帶著希望與期待，抱持著這種心情，我的臉能不發亮嗎？

離婚是讓女人變美最有效的保養品，想要更容光煥發，太太們還必須重拾婚姻裡缺少的性高潮。在婚姻裡的後三年，我和前夫已經完全沒有任何性生活，不但沒有愛可以做，連親吻或擁抱的機會也是微乎其微。在我提出離婚前的最後幾個月，前夫終於意識到兩人之間好像不太對勁，於是企圖用增加肢體接觸的方式來挽救這段感情，但是每一次的觸碰、每一次的擁抱，都讓我十分為難，不過因為不想再引發更多爭執點，我總是僵直著身體讓他抱、讓他親，心想趕快抱完這幾秒我就解脫了，我就是一根會呼吸的木頭，僅此而已。現在離婚了，我這個活寡婦不用再忍耐這些，那早就布滿蜘蛛網、快萎縮的下體，終於又能開張了，三年空窗的性愛，我要一次補齊！

現階段的我還沒打算談戀愛，也不想那麼快就跟另一個人交往，要先好好享受終於到手的單身生活，畢竟揮別了一棵已經枯死的爛樹，得趕快奔向森林去找那些又大又粗又強壯的新鮮樹木才行。我打開交友軟體，開始面試那些配對上的樹木，喔，是男人才對，在睽違多年後重新體驗滿足的性愛之後，久旱逢甘霖的我又活過來了，沒錯！這就是我要的！我單身，我漂亮，我有自信，這才是我喜歡的樣子，誰也別想來評斷我。

我現在更懂得如何誠實面對自己的慾望與需求，在婚姻裡那些無法做自己的份，如今要全部補回來。在床上我不想再假叫，也不想假裝高潮，我拋開害羞的矜持，讓自己盡情享受性愛的愉悅，在婚姻裡辛苦了這麼久，這些都是我應得的。當一個誠實的女人，就從床上開始做起，如果這個表現不好，趕快換下一個，森林裡的樹木取之不盡、用之不竭，要努力地嘗試與探索，才能找到最合適的那一根。我是既獨立又有能力的女人，在準備好要踏進下一段感情之前，男人對我來說就是工具人，而且工具必須要會硬邦邦。

是我自己選擇要離婚，離開那段讓我痛苦難耐的婚姻，**現在的我，不但能正視自己遇到的困境，去面對它、接受它、解決它，我也更理解自己的情緒，去解釋這些情緒從何而來**。我更知道自己喜歡被怎樣對待，更清楚想和什麼樣的人相處，經過離婚，我更認識了自己，也成長了許多。在接收別人那些無謂的負面指責之前，這些收穫早已強健我的心智、滿足我的心靈。

離婚送給我一份很棒的禮物，如果還有人想要把那些負面標籤強壓在離婚的女人身上的話，我只能建議他們自己去離一次婚，就能領略這件事有多美妙了（至於嗎）。

只是孩子的爸爸，不是朋友

離婚以後女兒問我：「媽咪，爸爸是妳的朋友嗎？」我回答她：「不是喔，他不是我的朋友，他只是妳的爸爸。」在婚姻裡受的傷我選擇留在婚姻裡，離婚後，為了女兒，我努力和前夫成為「友善父母」。

每對走到離婚的夫妻，都存在無解的問題。緣盡人散，離婚後該如何相處並沒有正確答案，有些人還能和之前的伴侶成為好朋友，繼續互相照顧、互吐心事，甚至一起帶小孩出門遊玩（雖然少之又少）；有些人則是離婚時恨不得派殺手去暗殺對方，此生就再也不用見到面，但是因為有小孩，得被迫為了小孩的事情繼續保持聯絡，或是為了接送小孩常常碰到面，更可能會持續為了小孩產生爭執（所以就說不要生）。這是一門修不完的課，至少在小孩成年之前，兩人都還是會因為孩子繼續被迫綁在一起。

看到這裡，你可能會覺得人生也太衰了，都離了婚還不能跟豬隊友一刀兩斷，我到底要忍受他多久？那些我在婚姻裡受的傷害與委屈難道要繼續吞嗎？不用不用，別忘了你們已經簽字離婚，雙方不再有任何瓜葛，你不用再處理他的情緒，也不用再理會他的想法，關於你個人所有的事他都管不著，也無法出意見，雙方只要在小孩的事情上，就事論事地討論即可。

小孩的作息、平日及假日的規劃、學校事務由誰來接洽做主、費用應當由誰來出，這些理應都在協議書上面條列清楚，所以為了避免離婚後還繼續為了小孩的事情爭吵，針對每種可能遇到的狀況，詳列雙方同意的探視條件是離婚前必須要完成的事情之一。

另一項在離婚之前必須要搞清楚的重要觀念，是法律上賦予的「監護權」，這個權力的意思是，在小孩滿十八歲能做出成熟決定之前，需要有個成年人協助他決定重要的事，而最適合幫他做決定的那位大人，就是監護權的所有者。

很多人誤以為監護權等於小孩的所有權，擁有的人才能和小孩相處，沒得到的就會失去小孩，最後把監護權當成手段在互相為難，不是為了小孩的最高利益，而是為了自己的面子上演難看的爭奪戰，只會更加深離婚帶給所有人的傷害。**請永遠記住，能給小孩最多照顧、最多資源、最了解孩子個性做出適當決定的那個人，就是最適合擔任監護者的人。**

如果你跟我一樣原本就是個偽單親媽媽，當了真單親媽媽後，反而會享受到前所未有的好處：獨處時光。一旦雙方的新生活模式建立起來之後，小孩去爸爸家的時間，就是媽媽們合法的放風時間了。剛離婚的媽媽們可能一開始還會擔心孩子待在爸爸家時，爸爸不會照顧怎麼辦，等到逐漸習慣那不關自己的事之後，每當孩子出門，整個屋子頓時安靜下來，靜到都能聽到自己呼吸的聲音時，妳會開始感受這種新模式美妙之處。

難得的自由時光可要好好利用，與其想著孩子不在身邊我好孤單，不如放更多注意力在自己身上，做自己喜歡的事情，充實地利用這些時間。妳可以好好休息、沉澱自己、參加活動、出門約會，甚至去追求身體的快樂（我很含蓄了），只要是專注在自己身上，都是好事。

新的人生已經開始往前，接下來的日子都是自己的，過去看對方的不順眼、不滿及怨恨，都留在過去就好，對方那些人格的缺陷、軟爛的個性，都將是他的新對象要去承受的，都已經跟你無關。

所以也幫自己一個忙，不要對著孩子指責他的爸爸或媽媽對你有多不好，小孩並不是大人情緒的出口，不要逼他選邊站，父母的恩怨留在父母之間，若是因為探視而產生衝突或不悅，對你的朋友們抱怨就好。

孩子是獨立的個體，大人是否用心在陪伴，他自己會有感覺，我們不用急著替孩子做反應。身為家長，能做的便是盡其所能給孩子好的教育、正確的價值觀、獨立成長的能力，大人畢竟只是在孩子的成長過程中，協助他們走在正確道路上的幫手而已。

療癒沒有捷徑，傷口復原只能靠時間

沒有人是為了離婚而結婚，所有的離婚都不在預期之內，當必須要放棄婚姻的時候，無論是自己決定放棄或被迫放棄，心裡都早已傷痕累累，這些傷口都需要時間癒合。雖然離婚讓我獲得解脫，但是受傷的心靈，並沒有辦法跟重做一張身分證一樣，十五分鐘藥到病除。

剛離婚的前半年，每當我收到前夫的訊息，身體就會馬上啟動反應機制，開始感覺緊張、背脊發涼、心情煩躁、白眼翻到後腦勺，就差沒抽搐，不但如此，我還會倍感壓力地覺得訊息來了就得立即回覆，才不會讓他生氣。此時腦袋中理性的我會這樣對自己吶喊（外加搖肩膀）：「不要再這樣了！你們已經離婚了！他已經不是妳老公，他的情緒不關妳的事，只要不是會死的事，下星期再回覆他也不會怎樣！」

我會一遍遍深呼吸，讓自己先冷靜下來，抽離緊張的情緒，我知道自己不用再有這些反應，但是那些殘留在身體裡的記憶，那些緊張、恐懼、壓迫的感覺，就像中毒般，當毒液進到血液裡的時候，不是那麼容易就能靠一顆藥丸解毒的，需要慢慢地、慢慢地，把毒排出來。

有好長一段時間，即使身邊開始出現追求者，我卻完全不想嘗試進入一段交往關係。我抗拒穩定的交往關係，是因為我才剛從控制狂的手裡掙脫，如果我又跟其他人在一起，等於我又把控制權交到另一個人手上，情緒也會隨著對方的行為舉止而波動，想到這種可能性就讓我覺得害怕，也覺得恐懼。在一起之後我會不會又受他的控制？他會不會跟前夫一樣管東管西？會不會又是一個玻璃心的大男人，有一堆負面情緒需要我處理？這些問號就像被漏電的插座電到幾回之後，會不敢再拿起插頭插向插座，變成我進入關係前的本能反應。

我在這段婚姻中被制約的反應不僅止於此。在離婚之前，每當要出門的時候，我會下意識用左手大拇指摸摸無名指上的戒指，確認那個代表我是前夫「所有物」的象徵穩當地戴在手上，這個習慣，大概在離婚後還持續了一年多。即使我早就知道手上空空，戒指也早就不知道被扔去哪裡，然而，當我突然發現戒指不在手上的時候，我還是會慌張那麼幾秒，因為在結婚那幾年之中，若是沒有戴上戒指，就代表我要承受前夫的負面情緒，我要道歉、需要改進。

這種病態的反應來自身體被「訓練」多年的記憶，我後來需要不斷地告訴我的身體：不用再做確認的動作了，前夫已經離開我的生活，他不會有機會再對我生氣。現在不會有人再來傷害我，所以我可以安心地什麼都不戴，不需要提心吊膽了。**愈大的傷口，就需要愈多時間結痂，心靈更是**。

要忘卻痛苦的記憶，靠的是創造許多新的美好記憶。我們的腦袋能夠存取的空間有限，離婚的時候因為滿腦子想的都是和對方的不合適，接著又要歷經等待判決的煎熬，或是監護權判定的拉鋸，這些負面或悲傷的想法一直不斷在我們腦袋裡打轉，讓痛苦愈滾愈巨大，甚至愈來愈絕望，根本無暇思考離婚後的可能性。

然而，身為過來人，我要告訴你，在離婚成立的那一刻你會發現，人生突然從黑白變成彩色，從灰暗變光明，當你開始去發掘許多新的人事物、展開新的生活，過去的烏煙瘴氣會隨著時間慢慢散去，也愈來愈影響不了你。這是一個逐漸療癒的過程，而且可能需要花上很多時間。

恢復自由之身的頭半年，我和前夫在相處上還有很多尚未消化的情緒跟反應；再過半年，我們母女倆的新生活開始上軌道，我有專注在做的事，女兒也適應了新學校、交到新朋友，我們開始累積不存在「老公」這個角色的新生活體驗，當時雖然看到前夫還是會有不舒服的感覺，但是我知道我已經愈來愈好。

離婚邁入第二年時，我開始不會因為不滿前夫的行徑而產生過多的情緒，針對他的個人生活，我也完全沒有想知道的欲望，直到那時，我才真正覺得他從我心裡完全離去。

現在是第三年，他已經不是我怨恨的前夫，也不是不想理會的陌生人，他的存在就是女兒的爸爸，只要是合理的狀況，我可以心平氣和地和他討論小孩的行程，他已經無法再讓我有任何情緒波動或是負面的影響。

我想，我會一年比一年更好。

或許，等小孩大了的某一天，我們終於不用再有交集時，我會直接忘了他。

重新享受愛人的樂趣

享受著離婚快感的同時，有一部分的自己一定會這麼懷疑著：我的人生曾經失敗過，我還值得被愛嗎？我付出了真心，為了一段關係這麼用力、這麼努力，但是卻得到一個超爛的結果，是不是我的問題？我會不會就此失去被愛的資格，失去愛人的能力？

當然不會！離婚不等於自己不好，只是遇到了不合適的人，而正是因為跟不合適的人硬要相處，才會產生那麼多的衝突、委屈與挫敗感。追根究柢，我們就只是運氣不好罷了。

能夠成功脫離婚姻的人，都是生命的勇者，當我們面對自己遇到的困境時，會先去面對它，接著嘗試許多辦法試圖改善它，等花了時間與力氣後還是徒勞無功，我們也願意接受這個不完美的結局，選擇下台一鞠躬。這是用好幾年的時間，誠實面對自己的處境去權衡得失才做出的選擇，這不是一個下午可以解決的事，也不是幾天幾夜撐一下就過去的事，在好幾年裡的每一分每一秒，都是我們奮鬥的歷程。

不是每個人都這麼有勇氣，也不是每個人都強壯到能替自己下這麼大的決心，歷經了這麼多，現在我們有過經驗，知道自己喜歡、適合的是什麼，我們已經把過去婚姻裡的那坨大便（不用對號入座），變成人生的肥料，從中吸取教訓、吸收養分，即將重新開出更美的花朵，所以，我們已經這麼棒了，哪裡不值得被愛？

可能在某些人的眼裡，離過婚的女人或是帶著小孩的單親媽媽（其實應該是單身媽媽，因為小孩的另一個「親」並沒有死），是他們不想交往的對象，但是同樣的，也會有人認為離過婚根本就沒有什麼，完全取決於個人想法。就像有人喜歡高個子的女生，有些人喜歡矮個子的女生，沒有對錯，只有自己喜不喜歡，誰都沒有權利去嫌棄別人。

我們會有自己的交友條件，別人也會有，**先強健自己的意志，把自己調整到最佳狀態，先學會愛自己，才會有能力愛別人**。別先入為主地認定離婚就是沒人會喜歡，那些對離婚充滿歧視的人，也不是值得你喜歡的對象，一定會有人喜歡最原本的你，沒有任何附加條件的你，只是目前還沒遇到而已。

談戀愛是一件很棒的事，不管幾歲我們都希望被人喜歡、被人在意、被人欣賞，談戀愛不但能活絡血液循環，還能改善氣色、提振精神、永保開朗的心情，談戀愛時腦袋裡分泌的多巴胺更會讓人時時快樂無比。

如果可以，姐妹們，請勇敢地去談戀愛吧！現在就去！把那些在婚姻裡受的傷，過去經歷的種種崩潰，全都留在回憶裡，去找一個全新的對象創造新的未來，發展新的關係，從頭認識彼此的喜好、建立獨特的相處模式、用力爭吵、誠實溝通、甜蜜地和好，在過程中學習彼此尊重、相互依賴，透過一次一次的理解與妥協，找到那個最令你舒服的人。在結束多年的痛苦之後，終於能再次感受被照顧、被關懷、被需要的感覺，也能再次享受愛人的樂趣，多美好。

如果一直找不到，也莫急莫慌莫害怕，我們並不是為了誰而存在，人生一直都是為自己而活。在這段時間裡，除了好好陪孩子之外，先靜下心來整理自己的思緒，好好地認識自己、充實自己、覺察自己，並且練習和自己獨處，**當有一天你發現自己不用依附任何人也能過得很好的時候，那就是一種成就，那就是一種自信。**

又萬一，如果有一天，你有了想結婚的對象，但曾經有過痛苦的過去，讓你猶豫該不該再一次跳進戀愛的墳墓？別想那麼多，人人都有追求幸福的權利，只要覺得是你想要的，就用力跳下去吧。

離過婚不代表就是婚姻保證班，下一段婚姻可能更好，也可能行不通，假使最後還是覺得雙方不合適，就再離一次婚吧，沒什麼大不了的，而且，老娘這次還更有經驗呢（眨眼）。

關係健檢清單

能夠成功脫離婚姻的人，都是生命的勇者，無需怪罪自己。若你有以下非理性的想法，請趕快轉換思考角度：

□我是不是在婚姻裡不夠努力，才會走到今天這個局面？

□先提離婚的人好像就是壞人，先拋棄了這個婚姻的我，再多開條件與要求似乎不夠厚道。

□是我不夠好，所以無法和其他人一樣，可以擁有有美好的婚姻、和諧的家庭。

□我的人生曾經失敗過，我不再值得被愛。

後記 Chill High High 的新生活

這本《失婚婦女 Chill High High》出版的時候，差不多是離婚滿三年的時間點。感謝這本書，給了我一個把人生從三十歲到四十歲重新檢視一次的機會，同時也能好好將「離婚」這件事做個完整的收尾。

為了把婚姻中的種種「精采片段」呈現在內容裡，寫作的過程中，我必須強迫自己再去回憶和前夫相處的種種情景，晚上睡覺還因此做了幾次惡夢，夢到關於前夫、關於過去他對我無理的控制行徑，還有那些不舒服的恐懼，直接閃尿被嚇醒。

醒來後，我腦袋裡唯一的想法只有：呼，剛剛那什麼鬼惡夢，還好老娘已經離婚了。我能夠這麼想，是因為在三年多前，我已經誠實面對自己的不快樂，拒絕讓痛苦繼續下去，並且勇敢地從婚姻裡逃脫出來了。那妳呢？妳跟我一樣，已經脫離了令人感到窒息的婚姻，還是，妳還在惡夢裡醒不來呢？

婚姻或是一段關係，都是由兩個人組成，要走得順利走得長久，靠的是雙方的努力。如果可能，我們都期望婚姻能走一輩子，但等妳真的踏進去之後，才知道要維持一輩子有多困難。

我一直想讓大家接受的觀念是，不要放棄嘗試，但如果真的困難到痛苦得要死，放棄也沒關係。本來有些事，自己來，還比較開心。（什麼事？）

期許我的婚姻鬼故事，能讓匆促考慮結婚的姊妹們嚇到不敢輕舉妄動；而那些已經踏入婚姻或正處在有毒關係中的姊妹們，這本書可能妳邊看邊點頭、可能妳邊看邊淚流、也可能妳邊看邊開始找離婚律師想諮詢，不管是哪種心情，希望《失婚婦女Chill High High》能讓妳認清自己想要的關係是長什麼樣子，同時提供一些想法、一些方向、一些勇氣，為自己找到一條新的出路，不管那條路是繼續還是離開。

最後，獻給那些和我一樣出走，正感覺痛快或還在悲傷的失婚婦女們：「恭喜妳！離開了一個不適合妳的人，也終於成功離開了一段不適合妳的關係，現在的妳可能感覺興奮，也可能感覺徬徨，不管怎樣都要記住，妳是值得被愛的，只是不值得被那個人愛！」還有別忘了，我們現在可是重回單身呢，愛做什麼做什麼，沒有人管也沒有人囉嗦，這多值得被已婚朋友們羨慕呀。姊妹們，快出門去享受自由的空氣、享受喜愛的事物、享受久違的高潮、好好享受 Chill High High 的新生活吧！

附錄
離婚之疑難雜症QA

離婚的時候，如果沒有小孩、也沒有財產需要處理，通常只需要兩個人簽一簽，事情就能簡單了結，堪稱完美的離婚。但如果在離婚過程中牽扯到雙方的資產分配、小孩的監護權爭奪，美樂妮在這裡千拜託萬拜託，離婚這條艱辛的路，務必要找專業的夥伴和你一起披荊斬棘，一定要聽從專業律師的建議或協助。若你還不知道為什麼的話，我幫大家做了一些常見問題的整理。

Q1：為什麼需要律師呢？

A：我們所處的地方是一個法治的國家，婚要怎麼離，不是提出的一方自己說了算，有些壞男人會跟太太說：錢我賺的、房子我買的，妳吃我的、穿我的、住我的，我現在要離婚，妳就把小孩留下，自己滾出去吧，我一毛錢都不會分給妳的。

這個說法正確嗎？錯！大錯特錯！除非你們的婚姻有相互約定夫妻財產分開制，否則婚後的財產就是不分彼此共同持有，但偏偏很多沒有法律知識的太太，就這樣傻傻地被騙，離完婚不僅沒錢，連小孩也很難見上一面。當自己缺乏這些法律知識的時候，絕對需要一個專業律師來告訴你正確的做法，哪些是你應有的權利，避免從頭到尾被糊弄還不自知。

Q2：找律師很貴吧？我朋友就是律師，我找他幫忙就好。

A：每個律師都有專門的領域，就像廚師也有自己專精的料理類別，如果讓日本料理師傅去做法國菜，不一定能做得好吃。同理可證，律師也一樣，離婚需要找的是專門辦理家事案件的律師，而且務必慎選有經驗、熟識流程的人，才能真正幫到你的忙。

台灣的律師費用，每家律師事務所不盡相同，建議可以先洽詢看看，可能沒有你想像中的昂貴唷。

Q3：離婚需要花多久時間？

A：離婚的時間長短，取決於雙方達成共識的速度。有時其中一方提了離婚後卻開始裝傻，條件也不談，談好了也不想簽，結果拖到天荒地老，白白消耗雙方的青春年華，這時候請律師協助，依法律程序來處理，反而能加快進行。

一般來說，法院受理案件之後會先安排調解兩到三次，加上事前和律師的溝通準備，在這個階段結束大約會花六到八個月的時間。假如調解未果，再進到法院審理程序，從頭到尾可能需要一年到一年半不等，甚至拖到更久也有可能。結婚只需要雙方到戶政事務所簽字，十分鐘就輕鬆搞定，離婚卻要耗費這麼久的時間，很令人不敢相信吧！

Q4：老公外遇了，跟我提離婚，我一定要答應嗎？

A：誰理他！如果妳就是死心踏地愛著他，想上演「山無稜，天地合，乃敢與君絕」的戲碼，妳可以不用答應他的離婚要求喔。在法律面來說，他如果有外遇事實，是犯錯的人，就不能提出離婚。如果這個男人想好好離婚，他就該識相點，開出令人滿意的條件，讓太太帶著微笑簽字，雙方都能奔向各自的幸福，這才是上上策啊。

Q5：贍養費跟扶養費有什麼差別？

A：國外影集裡常看到的「贍養費」，跟「扶養費」是完全不同的兩件事。贍養費給付的對象是離婚的另一半，而扶養費給付的對象是小孩。以台灣來說，離婚的其中一方很少有機會能從對方那裡得到贍養費，所以自己會賺錢很重要，女人不管婚前或婚後，都一定要有錢（握拳）。

支付小孩的扶養費則是父母應盡的責任，通常離婚之後，非主要照顧者的一方，需要每個月給小孩一筆扶養費用，來分攤小孩的生活支出（類似有錢的出錢，有力的出力的概念），至於要給多少，法院有一套計算的標準，當然雙方私下協調取得共識，是最好的方式。

Q6：我是在家照顧小孩的家庭主婦，老公負責賺錢，如果離婚，小孩就一定只能給爸爸？

A：很多家庭主婦，包括離婚前的我，都有這種恐懼：離婚以後會不會因為我沒工作，就沒有爭小孩的資格。但實際上，法官在做監護權判定的時候，小孩年紀愈小，愈會用「年幼從母」的原則來做考量，也就是說，如果小孩從出生開始都是由媽媽在照顧的話，離婚的時候也會偏向繼續讓媽媽擔任主要照顧者的角色。不過，最後法官會怎麼判，還是會以「子女的最佳利益」做全盤的考量。

Q7：小孩監護權不是給我，我就看不到小孩了嗎？

A：當然不會呀！只要是父母（阿公阿嬤不算喔），本來就有探視小孩的權利，即所謂的「探視權」。所以如果你是怕離婚後再也看不到小孩，硬要跟對方爭「單獨監護權」爭到頭破血流的家長，真的啦，大可不必這樣，小孩跟著誰比較好，就讓小孩跟著誰就好。

以我的例子來說好了，小孩的單一監護權是在我這裡，平常女兒的生活起居都是我在張羅，但是幾乎每個週末，女兒還是會去他生父那裡共享天倫之樂。只要雙方都同意一方提出的探視條件，擬好探視約定，沒有監護權的一方依然能有許多跟孩子相處的時光。

Q8：小孩的探視條件雙方說好就好，為什麼需要律師協助？

A：探視條件如果隨便寫寫，有九九％的機率會讓離婚後的雙方繼續大吵特吵。舉例來說，如果爸爸固定單數週的週末要帶小孩，那問題就來了，每個月的單數週是從哪一天開始界定呢？抑或是暑假時，媽媽可以多帶小孩二十天，這二十天是一次二十天，還是分開二十天，又從哪天開始計算呢？如果小孩跟爸爸的行程無法配合該怎麼辦？要把沒用到的天數補給媽媽嗎？有太多諸如此類的衍生問題，導致最後吵到兩個人都不爽，小孩也尷尬。

遇到這些狀況，雙方如果還是好朋友，能互相溝通協調、調整一下當然沒問題，但有多少人和前夫／前妻還會繼續當好朋友？為了避免日後的紛爭，探視條件請務必、務必、務必（太重要了要務必三次）跟律師一起討論，會大幅降低未來高血壓及中風的機率。

※以上內容為美樂妮的個人經驗，以及參考在 Podcast 節目《失婚婦女 Chill High High》中，和喆律法律事務所（85010）雷皓明律師所討論的內容摘錄，希望能幫助到傷腦筋的太太（或先生）們。如果想更進一步了解專業意見，建議直接與律師洽詢。

HEART
心|視野 心視野系列 117

失婚婦女 Chill High High

勇敢斷開有毒關係，「笑嗨嗨」重返一人幸福，快活又自由！

作者 美樂妮
封面設計 葉馥儀
內文排版 黃雅芬
責任編輯 劉 瑋
行銷企劃 林舜婷
出版二部總編輯 林俊安

出版者 采實文化事業股份有限公司
業務發行 張世明・林踏欣・林坤蓉・王貞玉
國際版權 鄒欣穎・施維真・王盈潔
印務採購 曾玉霞・謝素琴
會計行政 李韶婉・許俽瑀・張婕莛
法律顧問 第一國際法律事務所 余淑杏律師
電子信箱 acme@acmebook.com.tw
采實官網 www.acmebook.com.tw
采實臉書 www.facebook.com/acmebook01

ISBN 978-626-349-219-6
定價 360元
初版一刷 2023年4月
劃撥帳號 50148859
劃撥戶名 采實文化事業股份有限公司
104台北市中山區南京東路二段95號9樓
電話：(02)2511-9798 傳真：(02)2571-3298

國家圖書館出版品預行編目資料

失婚婦女 Chill High High：勇敢斷開有毒關係，「笑嗨嗨」重返一人幸福，快活又自由！／美樂妮著. -- 初版. – 台北市：采實文化事業股份有限公司，2023.04
208面；14.8×21公分. --（心視野系列；117）
ISBN 978-626-349-219-6（平裝）
1. CST: 婚姻 2. CST: 兩性關係
544.3 112002318

采實出版集團
ACME PUBLISHING GROUP

HEART

心視野

HEART
心|視野